JN417832

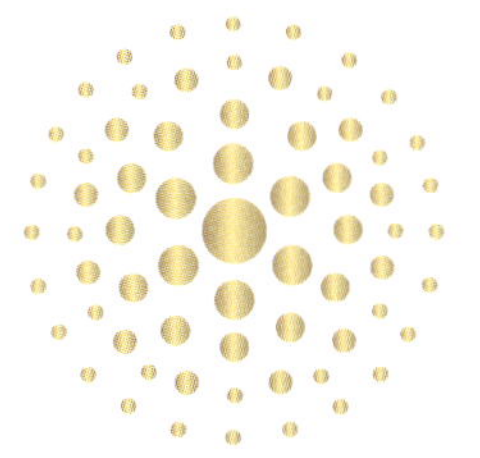

바로보인

3

농선 대원 역저

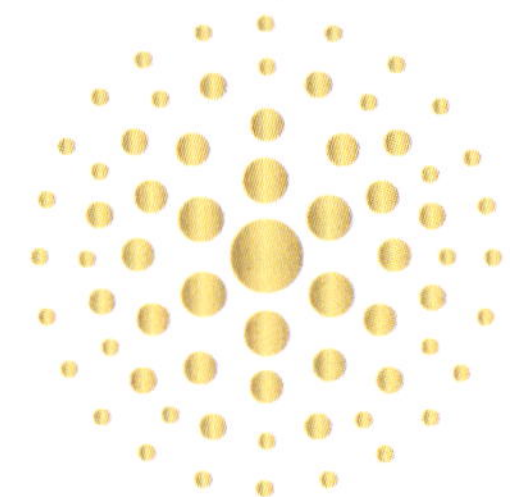

이 원상은 농선 대원 선사님께서 직접 그리신 것으로 모든 불성이 서로 상즉해 공존하는 원리를 담은 것이다.

선 심(禪心)

누리 삼킨 참나를
낙화(落花)로 자각(自覺)
떨어지는 물소리로 웃고 가는 길
돌에서 꽃에서도 님이 맞는다

정맥 선원의 문젠 마크는 농선 대원 선사님께서 마음을 상징하는 달(moon)과 그 마음을 깨달아 마음이 내가 된 삶인 선(zen)을 평화의 상징인 비둘기로 형상화하신 것이다.

교조 석가모니 부처님과
부처님으로부터 직계로 내려온
불조정맥 78대 조사들의
진영과 전법게

불조정맥

불조정맥이란 석가모니 부처님으로부터 현 78대 조사에 이르기까지 스승에게 깨달음의 인증인 인가를 받아 법을 전하라는 부촉을 받은 전법선사의 맥이다. 여기에 실린 불조진영과 전법게는 농선 대원 선사님께서 다년간 수집 정리하여 기도와 관조 끝에 완성하여 수립하신 것이다. 각 선사의 진영과 함께 실린 전법게는 스승으로부터 직접 전해 받은 게송이다. 단, 석가모니 부처님 진영에 실린 게송은 석가모니 부처님의 게송이다.

교조 석가모니 부처님

환화라고 하는 것 근본 없어 생긴 적도 없어서	幻化無因亦無生
모두가 스스로 이러-해서 본다 함도 이러-하네	皆則自然見如是
모든 법도 스스로 화한 남, 아닌 것이 없어서	諸法無非自化生
환화라 하지만 남이 없어 두려워할 것도 없네	幻化無生無所畏

제1조　마하가섭 존자

법이라는 본래 법엔 법이랄 것 없으나　法本法無法
법이랄 것 없다는 법, 그 또한 법이라　無法法亦法
이제 법이랄 것 없음을 전해줌에　今付無法時
법이라는 법인들 그 어찌 법이랴　法法何曾法

제2조　아난다 존자

법이란 법 본래의 법이라　法法本來法
법도 없고 법 아님도 없으니　無法無非法
어떻게 온통인 법 가운데　何於一法中
법 있으며 법 아닌 것 있으랴　有法有非法

제3조　상나화수 존자

본래의 법 전함이 있다 하나　本來付有法
전한 말에 법이랄 것 없다 했네　付了言無法
각자가 스스로 깨달으라　各各須自悟
깨달으면 법 없음도 없다네　悟了無無法

제4조　우바국다 존자

법 아니고 마음도 아니어서　非法亦非心
맘이랄 것, 법이랄 것 없나니　無心亦無法
마음이다, 법이다 설할 때는　說是心法時
그 법은 마음법이 아니로다　是法非心法

제5조　제다가 존자

마음이란 스스로인 본래의 마음이니　心自本來心
본래의 마음에는 법 있는 것 아니로다　本心非有法
본래의 마음 있고 법이란 것 있다 하면　有法有本心
마음도 아니요 본래 법도 아니로다　非心非本法

제6조 미차가 존자

본래의 마음법을 통달하면	通達本心法
법도 없고, 법 아님도 없도다	無法無非法
깨달으면 깨닫기 전과 같아	悟了同未悟
마음이니, 법이니 할 것 없네	無心亦無法

제7조 바수밀 존자

맘이랄 것 없으면 얻음도 없어서	無心無可得
설함에 법이라 이름할 것도 없네	說得不名法
만약에 맘이라 하면 마음 아님 깨달으면	若了心非心
비로소 마음인 마음법 안다 하리	始解心心法

제8조 불타난제 존자

가없는 마음으로	心同虛空界
가없는 법 보이니	示等虛空法
가없음을 증득하면	證得虛空時
옳고 그른 법이 없다	無是無非法

제9조 복타밀다 존자

허공이 안팎 없듯	虛空無內外
마음법도 그러하다	心法亦如此
허공이치 요달하면	若了虛空故
진여이치 통달하네	是達眞如理

제10조 파율습박(협) 존자

진리란 본래에 이름할 수 없으나	眞理本無名
이름에 의하여 진리를 나타내니	因名顯眞理
받아 얻은 진실한 법이라고 하는 것	受得眞實法
진실도 아니요, 거짓도 아니로세	非眞亦非僞

제11조 부나야사 존자

참된 몸 스스로 이러-히 참다우니	眞體自然眞
참됨을 설함으로 인해 진리란 것 있다 하나	因眞說有理
참답게 참된 법을 깨달아 얻으면	領得眞眞法
베풀 것도 없으며 그칠 것도 없다네	無行亦無止

제12조 아나보리(마명) 존자

미혹과 깨침이란 숨음과 드러남 같다 하나	迷悟如隱顯
밝음과 어둠이 서로가 여읠 수 없는 걸세	明暗不相離
이제 숨음이 드러난 법 부촉한다지만	今付隱顯法
하나도 아니요, 둘도 또한 아니로세	非一亦非二

제13조 가비마라 존자

숨었느니 드러났느니 하지만 본래의 법에는	隱顯卽本法
밝음과 어두움이 원래에 둘 아니라	明暗元不二
깨달아 마친 법을 전한다고 하지만	今付悟了法
취함도 아니요, 여읨도 아니로세	非取亦非離

제14조 나가르주나(용수) 존자

숨을 수도, 드러날 수도 없는 법이라 함	非隱非顯法
이것이 참다운 실제를 말함이니	說是眞實際
숨음이 드러난 법 깨달았다 하나	悟此隱顯法
어리석음도 아니요 지혜로움도 아니로다	非愚亦非智

제15조 가나제바 존자

숨었느니 드러났느니 하면 법에 밝다 하랴	爲明隱顯法
밝게 해탈의 이치를 설하려면	方說解脫理
저 법에 증득한 바도 없는 마음이어야 하니	於法心不證
성낼 것도 없으며 기쁠 것도 없다네	無嗔亦無喜

제16조　라후라타 존자

본래에 법을 전할 사람 대해	本對傳法人
해탈의 진리를 설하나	爲說解脫理
법엔 실로 증득한 바 없어서	於法實無證
마침도 비롯함도 없느니라	無終亦無始

제17조　승가난제 존자

법에는 진실로 증득한 바 없어서	於法實無證
취함도 없으며 여읨도 없느니라	不取亦不離
법에는 있다거나 없다는 상도 없거늘	法非有無相
안이니 밖이니 어떻게 일으키리	內外云何起

제18조　가야사다 존자

맘 바탕엔 본래에 남 없거늘	心地本無生
바탕의 인, 연을 쫓아 일으키나	因地從緣起
연과 종자 서로가 방해 없어	緣種不相妨
꽃과 열매 그 또한 그러하네	華果亦復爾

제19조　구마라다 존자

마음의 바탕에 지닌 종자 있음에	有種有心地
인과 연이 능히 싹 나게 하지만	因緣能發萌
저 연에 서로가 걸림이 없어서	於緣不相礙
마땅히 난다 해도 남이 남 아니로세	當生生不生

제20조　사야다 존자

성품에는 본래에 남 없건만	性上本無生
구하는 사람 대해 설할 뿐	爲對求人說
법에는 얻은 바 없거늘	於法旣無得
어찌 깨닫고, 깨닫지 못함을 둘 것인가	何懷決不決

제21조　바수반두 존자

말 떨어지자마자 무생에 계합하면	言下合無生
저 법계와 성품이 함께 하리니	同於法界性
만일 능히 이와 같이 깨친다면	若能如是解
궁극의 이변 사변 통달하리	通達事理竟

제22조　마노라 존자

물거품과 환 같아 걸릴 것도 없거늘	泡幻同無礙
어찌하여 깨달아 마치지 못했다 하는가	如何不了悟
그 가운데 있는 법을 통달하면	達法在其中
지금도 아니요, 옛 또한 아니니라	非今亦非古

제23조　학륵나 존자

마음이 만 경계를 따라서 구르나	心隨萬境轉
구르는 곳마다 실로 능히 그윽함에	轉處實能幽
성품을 깨달아서 흐름을 따르면	隨流認得性
기쁠 것도 없으며 근심할 것도 없네	無喜亦無憂

제24조　사자보리 존자

마음의 성품을 깨달음에	認得心性時
사의할 수 없다고 말하나니	可說不思議
깨달아 마쳐서는 얻음 없어	了了無可得
깨달아선 깨달았다 할 것 없네	得時不說知

제25조　바사사다 존자

깨달음의 지혜를 바르게 설할 때에	正說知見時
깨달음의 지혜란 이 마음에 갖춘 바라	知見俱是心
지금의 마음이 곧 깨달음의 지혜요	當心卽知見
깨달음의 지혜가 곧 지금의 함일세	知見卽于今

제26조 불여밀다 존자

성인이 말하는 지견은	聖人說知見
경계를 맞아서 시비 없네	當境無是非
나 이제 참성품 깨달음에	我今悟眞性
도랄 것도, 이치랄 것도 없네	無道亦無理

제27조 반야다라 존자

맘 바탕에 참성품 갖췄으나	眞性心地藏
머리도, 꼬리도 없으니	無頭亦無尾
인연 응해 만물을 교화함을	應緣而化物
지혜라고 하는 것도 방편일세	方便呼爲智

제28조 보리달마 존자

마음에서 모든 종자 냄이여	心地生諸種
일(事)로 인해 다시 이치 나느니라	因事復生理
두렷이 보리과가 원만하니	果滿菩提圓
세계를 일으키는 꽃 피우리	華開世界起

제29조 신광 혜가 대사

내가 본래 이 땅에 온 것은	吾本來此土
법을 전해 중생을 구함일세	傳法救迷情
한 송이에 다섯 꽃잎 피리니	一花開五葉
열매 맺음 자연히 이뤄지리	結果自然成

제30조 감지 승찬 대사

본래의 바탕에 연 있으면	本來緣有地
바탕의 인에서 종자 나서 꽃핀다 하나	因地種華生
본래엔 종자가 있은 적도 없어서	本來無有種
꽃핀 적도 없으며 난 적도 없다네	華亦不曾生

제31조 대의 도신 대사

꽃과 종자 바탕으로 인하니 華種雖因地
바탕을 쫓아서 종자와 꽃을 내나 從地種華生
만약에 사람이 종자 내림 없으면 若無人下種
남 없어 바탕에 꽃핀 적도 없다 하리 華地盡無生

제32조 대만 홍인 대사

꽃과 종자 성품에서 남이라 華種有生性
바탕으로 인해서 나고 꽃피우니 因地華生生
큰 연과 성품이 일치하면 大緣與性合
그 남은 나도 남 아니로세 當生生不生

제33조 대감 혜능 대사

정 있어 종자를 내림에 有情來下種
바탕 인해 결과 내어 영위하나 因地果還生
정이랄 것도 없고 종자랄 것도 없어서 無情旣無種
만물의 근원인 도의 성품엔 또한 남도 없네 無性亦無生

제34조 남악 회양 전법선사

마음의 바탕에 모든 종자 머금어져 心地含諸種
널리 비 내림에 모두 다 싹트도다 普雨悉皆生
단박에 깨달아 정을 다한 꽃피움에 頓悟華情已
보리의 과위가 스스로 이뤄졌네 菩提果自成

제35조 마조 도일 전법선사

마음의 바탕에 모든 종자 머금어져 心地含諸種
비와 이슬 만남에 모두 다 싹이 트나 遇澤悉皆萌
삼매의 꽃핌이라 형상이 없거늘 三昧華無相
무엇이 무너지고 무엇이 이뤄지랴 何壞復何成

제36조 백장 회해 전법선사

마음 외에 본래에 다른 법이 없거늘	心外本無法
부촉함이 있다 하면 마음법이 아닐세	有付非心法
원래에 마음법 없음을 깨달은	旣知非法心
이러-한 마음법을 그대에게 부촉하네	如是付心法

제37조 황벽 희운 전법선사

본래에 말로는 부촉할 수 없는 것을	本無言語囑
억지로 마음의 법이라 전함이니	强以心法傳
그대가 원래에 받아 지닌 그 법을	汝旣受持法
마음의 법이라고 다시 어찌 말하랴	心法更何言

제38조 임제 의현 전법선사

마음의 법 있으면 병이 있고	病時心法在
마음의 법 없으면 병도 없네	不病心法無
내 부촉한 마음의 법에는	吾所付心法
마음의 법 있는 것 아니로세	不在心法途

제39조 흥화 존장 전법선사

지극한 도는 간택함이 없으니	至道無揀擇
본래의 마음이라 향하고 등짐이 없느니라	本心無向背
이 같음을 감당해 이으려는가?	便如此承當
봄바람에 곤한 잠을 더하누나	春風增瞌睡

제40조 남원 혜옹 전법선사

대도는 온통 맘에 있다지만	大道全在心
맘에 구함 있으면 그르치네	亦非在心求
그대에게 부촉한 자심의 도에는	付汝自心道
기쁨도 근심도 없느니라	無喜亦無憂

제41조 풍혈 연소 전법선사

나 이제 법 없음을 말하노니	我今無法說
말한 바가 모두 다 법 아니라	所說皆非法
법 없는 법 지금에 부촉하니	今付無法法
이 법에도 머무르지 말아라	不可住于法

제42조 수산 성념 전법선사

말한 적도 없어야 참법이니	無說是眞法
이 말함은 원래에 말함 없네	其說元無說
나 이제 말한 적도 없을 때	我今無說時
말함이라 말한들 말함이랴	說說何曾說

제43조 분양 선소 전법선사

예로부터 말함 없음 부촉했고	自古付無說
지금의 나 또한 말함 없네	我今亦無說
다만 이 말함 없는 마음을	只此無說心
모든 부처 다 같이 말한 바네	諸佛所共說

제44조 자명 초원 전법선사

허공이 형상이 없다 하나	虛空無形像
형상도, 허공도 아닐세	形像非虛空
내 부촉한 마음의 법이란	我所付心法
공도 공한 공이어서 공 아닐세	空空空不空

제45조 양기 방회 전법선사

허공이 면목이 없듯이	虛空無面目
마음의 상 또한 이와 같네	心相亦如然
곧 이렇게 비고 빈 마음을	卽此虛空心
높은 중에 높다고 하는 걸세	可稱天中天

제46조 백운 수단 전법선사

마음의 본체가 허공같아	心體如虛空
법 또한 허공처럼 두루하네	法亦遍虛空
허공 같은 이치를 증득하면	證得虛空理
법도 아니요, 공한 맘도 아니로세	非法非心空

제47조 오조 법연 전법선사

도에는 나라는 나 원래 없고	道我元無我
도에는 맘이란 맘 원래 없네	道心元無心
오직 이 나라 함도 없는 법으로	唯此無我法
나라 함 없는 맘에 일체하네	相契無我心

제48조 원오 극근 전법선사

참나에는 본래에 맘이랄 것 없으며	眞我本無心
참마음엔 역시나 나랄 것 없으나	眞心亦無我
이러-히 참답게 참마음에 일체되면	契此眞眞心
나를 나라 한들 어찌 거듭된 나겠는가	我我何曾我

제49조 호구 소륭 전법선사

도 얻으면 자재한 마음이고	得道心自在
도 얻지 못하면 근심이라 하나	不得道憂惱
본래의 마음의 도 부촉함에	付汝自心道
기쁨도, 근심도 없느니라	無喜亦無惱

제50조 응암 담화 전법선사

맑던 하늘 구름 덮인 하늘 되고	天晴雲在天
비 오더니 젖어있는 땅일세	雨落濕在地
비밀히 마음을 부촉함이여	秘密付與心
마음법이란 다만 이것일세	心法只這是

제51조 밀암 함걸 전법선사

부처님은 눈으로써 별을 보고	佛用眼觀星
난 귀로써 소리를 들었도다	我用耳聽聲
나의 함이 부처님의 함과 같아	我用與佛用
내 밝음이 그대의 밝음일세	我明汝亦明

제52조 파암 조선 전법선사

부처와 더불어 중생의 보는 것이	佛與衆生見
원래 근본 부처인데 금 그은들 바뀌랴	元本佛隔線
그대에게 부촉한 본연의 마음법에는	付汝自心法
깨닫고 깨닫지 못함도 없느니라	非見非不見

제53조 무준 사범 전법선사

내가 만약 봄이 없다 할 때에	我若不見時
그대 응당 봄이 없이 보아라	汝應不見見
봄에 봄 없어야 본연의 봄이니	見見非自見
본연의 마음이 언제나 드러났네	自心常顯現

제54조 설암 혜랑 전법선사

진리는 곧기가 거문고줄 같다는데	眞理直如絃
어떻게 침묵이나 말로 다시 할 것인가	何默更何言
나 이제 그대에게 공교롭게 부촉하니	我今善付囑
밝힌 마음 본래에 얻음이 없는 걸세	表心本無得

제55조 급암 종신 전법선사

사람에겐 미혹하고 깨달음이 본래 없는데	本無迷悟人
미했느니 깨쳤느니 제 스스로 분별하네	迷悟自家計
젊어서 깨달았다 말이나 한다면	記得少壯時
늙어서까지라도 깨닫지 못할 걸세	而今不覺老

제56조　석옥 청공 전법선사

이 마음이 지극히 광대하여　此心極廣大
허공에 비할 수도 없다네　虛空比不得
이 도는 다만 오직 이러-하니　此道只如是
밖으로 찾음 쉬어 받아 지녔네　受持休外覓

제57조　태고 보우 전법선사

지극히 큰 이것인 이 마음과　至大是此心
지극히 성스러운 이것인 이 법이라　至聖是此法
등불과 등불의 광명처럼 나뉨 없음　燈燈光不差
이 마음 스스로가 통달해 마침일세　了此心自達

제58조　환암 혼수 전법선사

마음 중의 본연의 마음과　心中有自心
법 중의 지극한 법을　法中有至法
내가 지금 부촉한다 하나　我今可付囑
마음법엔 마음법이라 함도 없네　心法無心法

제59조　구곡 각운 전법선사

온통인 도, 마음의 광명이라 할 것도 없으나　一道不心光
과거, 현재, 미래와 시방을 밝힘일세　三際十方明
어떻게 지극히 분명한 이 가운데　何於明白中
밝음과 밝지 않음 있다고 하리오　有明有不明

제60조　벽계 정심 전법선사

나 지금 법 없음을 부촉하고　我無法可付
그대는 무심으로 받는다 하나　汝無心可受
전함 없고 받음 없는 맘이라면　無付無受心
누구라도 성취하지 못했다 하랴　何人不成就

제61조 벽송 지엄 전법선사

마음이 곧 깨달음의 마음이요	心卽能知心
법이 곧 깨달음의 법이라	法卽可知法
마음법을 마음법이라 전한다면	法心付法心
마음도, 법도 아닐세	非心亦非法

제62조 부용 영관 전법선사

조사와 조사가 법 없음을 부촉한다 하나	祖祖無法付
사람과 사람마다 본래 스스로 지님일세	人人本自有
그대는 부촉함도 없는 법을 받아서	汝受無付法
긴요히 뒷날에 전하도록 하여라	急着傳於後

제63조 청허 휴정 전법선사

참성품은 본래에 성품이라 할 것 없고	眞性本無性
참법은 본래에 법이라 할 것 없네	眞法本無法
법이니 성품이니 할 것 없음 깨달으면	了知無法性
어떠한 곳엔들 통달하지 못하랴	何處不通達

제64조 편양 언기 전법선사

법도 아니고 법 아님도 아니고	非法非非法
성품도 아니고 성품 아님도 아니며	非性非非性
마음도 아니고 마음 아님도 아님이	非心非非心
그대에게 부촉하는 궁극의 마음법일세	付汝心法竟

제65조 풍담 의심 전법선사

부처님이 전하신 꽃 드신 종지와	師傳拈花宗
내가 미소지어 보인 도리를	示我微笑法
친히 손수 그대에게 분부하니	親手分付汝
받들어 지녀 누리에 두루하게 하라	持奉遍塵刹

제66조 월담 설제 전법선사

깨달아선 깨달은 바 없으며	得本無所得
전해서는 전함 또한 없느니라	傳亦無可傳
전함도 없는 법을 부촉함이여	今付無傳法
동서가 온통한 하늘일세	東西共一天

제67조 환성 지안 전법선사

전하거나 받을 법이 없어서	無傳無受法
전하거나 받는다는 맘도 없네	無傳無受心
부촉하나 받은 바 없는 이여	付與無受者
허공의 힘줄마저 뽑아서 끊었도다	掣斷虛空筋

제68조 호암 체정 전법선사

연류에 따른 일단사여	沿流一段事
머리도 꼬리도 필경 없네	竟無頭與尾
사자새끼인 그대에게 부촉하니	付與獅子兒
사자후 천지에 가득케 하라	哨吼滿天地

제69조 청봉 거안 전법선사

서 가리켜 동에 그림이여	指西喚作東
풍악산의 뭇 봉우리로다	楓嶽山衆峰
불조의 이러한 법을	佛祖之此法
너에게 분부하노라	分付今日汝

제70조 율봉 청고 전법선사

머리도 꼬리도 없는 도리	無頭尾道理
오늘 그대에게 전해주니	今日傳授汝
이후로 보림을 잘 하여서	此後善保任
영원히 끊어짐이 없게 하라	永遠無斷絕

제71조 금허 법첨 전법선사

그믐날 근원에 돌아간다 말했으나 晦日豫言爲還元
법신에 그 어찌 가고 옴이 있으랴 法身何有去與來
푸른 하늘 해 있고, 못 가운데 연꽃일세 日在青天池中蓮
이 법을 분부하니 끊어짐이 없게 하라 此法分付無斷絶

제72조 용암 혜언 전법선사

'연꽃이 나왔다' 하여 보인 큰 도리를 示出蓮之大道理
다시 또 뜰 밑 나무 가리켜 보여서 復亦指示庭下樹
후일의 크고 큰일 그대에게 부촉하니 後日大事與咐囑
잘 지녀 보림하여 끊어짐 없게 하라 保任善持無斷絶

제73조 영월 봉율 전법선사

사느니 죽느니 이 무슨 말들인고 生也死也是何言
물밭엔 연꽃이고 하늘엔 해일세 水田蓮花在天日
가없이 이러-해서 감출 수 없이 드러남 無邊無藏露如是
오늘 네게 분부하니 끊어짐 없게 하라 今日分付無斷絶

제74조 만화 보선 전법선사

봄산과 뜬구름을 동시에 보아라 春山浮雲觀同時
중생들의 이익될 바 그 가운데 있느니라 普益衆生在其中
이 가운데 도리를 이제 네게 부촉하니 此中道理今付汝
계승해 끊임없이 번성케 할지어다 繼承無斷爲繁盛

제75조 경허 성우 전법선사

하늘의 뜬구름이 누설한 그 도리를 浮雲漏泄其道理
오늘날 선자에게 부촉하여 주노니 今日咐囑與禪子
철저하게 보림하여 모범을 보임으로 保任徹底示模範
후세에 끊어짐이 없게 할 맘, 지니게나 後世無斷爲持心

제76조　만공 월면 전법선사

구름과 달,산과 계곡이라,곳곳에서 같음이여　雲月溪山處處同
선가의 나의 제자 수산의 큰 가풍일세　叟山禪子大家風
은근히 무문인을 그대에게 분부하니　慇懃分付無文印
이 기틀의 방편이 활안 중에 있노라　一段機權活眼中

제77조　전강 영신 전법선사

불조도 전한 바 없어서　佛祖未曾傳
나 또한 얻은 바 없음을…　我亦無所得
가을빛 저물어 가는 날에　此日秋色暮
뒷산의 원숭이가 울고 있네　猿嘯在後峰

제78대　농선 대원 전법선사

부처와 조사도 일찍이 전한 것이 아니거늘　佛祖未曾傳
나 또한 어찌 받았다 하며 준다 할 것인가　我亦何受授
이 법이 2천년대에 이르러서　此法二千年
널리 천하 사람을 제도하리라　廣度天下人

부처님으로부터 직계로 내려온 불조정맥 第78대 농선 대원 선사님

농선 대원 전법선사의 3대 서원

오로지 정법만을 깨닫기 서원합니다.
입을 열면 정법만을 설하기 서원합니다.
중생이 다하는 그날까지 교화하기 서원합니다.

성불사 국제정맥선원 대웅전

성불사 국제정맥선원은

농선 대원 선사님께서 주석하시는 곳으로

대원 선사님의 지도하에 비구스님들이

직접 지은 도량이다.

불교 8대 선언문

불교는 자신에게서 영생을 발견하게 한 유일한 종교이다.
불교는 자신에게서 모든 지혜를 발견하게 한 유일한 종교이다.
불교는 자신에게서 모든 능력을 발견하게 한 유일한 종교이다.
불교는 자신에게서 모든 것을 이루게 한 유일한 종교이다.
불교는 자신에게서 극락을 발견하게 한 유일한 종교이다.
불교는 깨달으면 차별 없어 평등하다는 유일한 종교이다.
불교는 모든 억압 없이 자신감을 갖게 한 유일한 종교이다.
불교는 그러므로 온 누리에 영원할 만인의 종교이다.

농선 대원 전법선사 주창

전세계의 불교계에서 통일시켜야 할 일

경전의 말씀대로 32상과 80종호를 갖춘 불상으로 통일해야 한다.

예불 드리는 법을 통일해야 한다.

불공의식을 통일해야 한다.

농선 대원 전법선사 주창

농선 대원 선사의 전등록 발간의 의의

선문(禪文)이란 말 밖의 말로 마음을 바로 가리켜 깨닫게 하여 그 깨달은 마음 바탕에서 닦아 불지(佛地)에 이르게 하는 문(門)이다. 그러기에 지식이나 알음알이로는 헤아려 알 수 없는 것이어서 깨달아 증득하여 일체종지(一切種智)를 이룬 이가 아니고는 그 요지를 바로 보아 이끌어 줄 수 없다.

지금 불교의 현실이 대본산 강원조차 이런 안목으로 이끌어 주는 선지식이 없어서 선종(禪宗) 최고의 공안집인 '전등록', '선문염송' 강의가 모두 폐강된 상황이다.

이에 대원 선사님께서는 불조(佛祖)의 요지가 말이나 글에 떨어져 생사해탈의 길이 단절되는 것을 염려하여 깨달음의 법을 선리(禪理)에 맞게 바로 잡는 역경 작업에 혼신을 다하고 계신다.

대원 선사님께서는 19세에 선운사 도솔암에서 활연대오한 후, 대선지식과의 법거량에서 한 치의 주저함도 없이 명쾌하게 응대하시니 당시 12대 선지식들께서 탄복해 마지않으셨다. 경봉 선사님과 조계종 지혜제일 전강 선사님과의 문답만을 보더라도 취모검과 같은 대원 선사님의 선지를 엿볼 수 있다.

맨 처음 통도사 경봉 선사님을 찾아뵈었을 때, 마침 늦가을 감나무에서 감을 따고 계신 경봉 선사님을 보자 감나무 주위를 한 번 돌고서 있으니, 경봉 선사님께서 물으셨다.

"어디서 왔는가?"

"호남에서 왔습니다."

"무엇을 공부했는가?"

"선을 공부했습니다."

"무엇이 선이냐?"

"감이 붉습니다."

"네가 불법을 아는가?"

"알면 불법이 아닙니다."

위의 문답이 있은 후 경봉 선사님께서는 해제 법문을 대원 선사님께 맡기셨으나 대원 선사님께서는 아직 그럴 때가 아니라 여겨져 그 이튿날인 해제일 새벽 직전에 통도사를 떠나와 버리셨다.

또 광주 동광사에서 처음 전강 선사님을 뵈었을 때, 20대 초면의 젊은 승려인 대원 선사님께 전강 선사님께서 대뜸 '달마불식 도리'를 일러보라 하셨다. 대원 선사님께서 아무 말없이 다가가 전강 선사님의 목에 있는 점 위의 털을 뽑아 버리고 종무소로 가니, 전강 선사님께서 "여기 사람 죽이는 놈이 있다."하며 종무소까지 따라오다 방장실로 돌아가셨다.

그 이후 대원 선사님께서 군산 은적사에서 전강 선사님을 시봉하며 모시고 계실 때, 전강 선사님께서 또 물으셨다.

"공적의 영지를 일러라."

"이러-히 스님과 대담합니다."

"영지의 공적을 일러라."

"스님과 대담에 이러-합니다."

"이러-한 경지를 일러라."

"명왕은 어상을 내리지 않고 천하일에 밝습니다."

대원 선사님의 답에 전강 선사님께서는 희색이 만면해서 고개를 끄덕이며 당신 처소로 돌아가셨다.

이에 그치지 않고 전강 선사님께서 대구 동화사 조실로 계실 때, 대원 선사님께 말씀하셨다.

"대중들이 자네를 산으로 불러내어 그 중에 법성(조계종 종정 진제스님)이 달마불식 도리를 일러보라 했을 때 '드러났다'라고 답했다는데, 만약에 자네가 양무제였다면 '모르오'라고 이르고 있는 달마 대사에게 어떻게 했겠는가?"

"제가 양무제였다면 '성인이라 함도 설 수 없으나 이러-히 짐의 덕화와 함께 어우러짐이 더욱 좋지 않겠습니까?'하며 달마 대사의 손을 잡아 일으켰을 것입니다."

그러자 전강 선사님께서 탄복하며 말씀하셨다.

"어느새 그 경지에 이르렀는가?"

“이르렀다곤들 어찌하며 갖추었다곤들 어찌하며 본래라곤들 어찌하리까? 오직 이러-할 뿐인데 말입니다.”

대원 선사님의 대답에 전강 선사님께서 크게 기뻐하셨다.

이와 같이 대원 선사님께서는 20대 초반에 이미 어떤 선지식의 물음에도 전광석화와 같이 답하셨으며 그 법을 씀이 새의 길처럼 흔적 없는 가운데 자유자재하셨다.

깨달음의 방편에 있어서는 육조 대사께서 마주 앉은 자리에서 사람들을 깨닫게 하셨듯이, 제자들을 제접해 직지인심(直指人心)으로 스스로의 마음에 사무쳐 들게 하여 근기에 따라 보림해 갈 수 있도록 이끌어주시니, 꺼져가는 정법의 기치를 바로 일으켜 세움이라 하겠다.

또한 선지식이라면 이변(理邊)에서 뿐만이 아니라 사변(事邊)에서도 먼 안목으로 인류가 무엇을 어떻게 대비하며 살아가야 할지를 예언하고 이끌어 주어야 한다고 하셨다.

그래서 1962년부터 주창하시기를, 전 세계가 21세기를 ′사막 경영의 시대′로 삼아 사막화된 지역에 ‘사막 해수로 사업’을 하여 원하는 지역의 기후를 조절해야 하고, 자원을 소모하는 발전소 대신 파도, 태양열, 풍력 등의 대체 에너지와 무한 원동기를 개발해야 한다고 하셨다. 또, 도로를 발전소화하여 전기를 생산하는 방법 등을 구체적으로 제안하시고, 천재지변을 대비하여 각자의 집에서 농사를 짓는 ‘울안의 농법’을 연구하시는 등 만인이 더 나은 삶을 살 수 있는 길을 끊임없이 일러 주고 계신다.

이와 같이 대원 선사님께서는 일체종지를 이룬 지혜로, '참나를 깨달아 마음이 내가 된 삶'을 위한 깨달음의 법으로부터 닥쳐오는 재난을 막고 지구를 가장 살기 좋은 세상으로 만드는 방편까지 늘 그 방향을 제시하고 계신다.

한편, 불교의 최고 경전인 '화엄경 81권'을 완간하여 불보살님의 불가사의한 화엄세계를 열어 보이셨으며, 선문 최대의 공안집인 '선문염송 30권' 1,463칙에 대하여 석가모니 부처님 이래 최초로 전 공안을 맑은 물 밑바닥 보듯이 회통쳐 출간하셨다.

이제 대원 선사님께서는 7불과 역대 조사들의 깨달음의 진수가 담긴 '전등록 30권'을 그런 혜안(慧眼)으로 조사마다 선리의 토끼뿔을 더해 닦아 증득할 수 있도록 밝혀 보이셨다. 그리하여 생사윤회길을 헤매는 중생들에게 해탈의 등불이 되고자 하셨으며, 불조(佛祖)의 정법이 후세에까지 끊어지지 않게 하여 부처님 은혜에 보답하고자 하셨다.

부처님 가신 지 오래 되어 정법은 약하고 삿된 법이 만연한 지금, 중생이 다하는 날까지 중생을 구제하기 서원하는 대원 선사님과 같은 명안종사(明眼宗師)가 계심은 불보살님의 자비광명이 이 땅에 두루한 은덕이라 하겠다.

바로보인 불법 ㊸

전傳 등燈 록錄

3

도서출판 문젠(구, 바로보인)은 정맥선원에서 운영하고 있습니다.

* 인제산(人濟山) 성불사(成佛寺) 국제정맥선원
경기도 포천시 내촌면 소리개길 86-178 ☎ 031-531-8805
* 인제산(人濟山) 이룬절 포천정맥선원
경기도 포천시 내촌면 소리개길 86-123 ☎ 031-531-2433
* 백양산(白楊山) 자모사(慈母寺) 부산정맥선원
부산시 동래구 아시아드대로 114번길 10 대륙코리아나 2층 212호 ☎ 051-503-6460
* 자모산(慈母山) 육조사(六祖寺) 청도정맥선원
경북 청도군 매전면 동산리 산 50 ☎ 010-4543-2460
* 광암산(光巖山) 성도사(成道寺) 광주정맥선원
광주광역시 광산구 삼도광암길 34 ☎ 062-944-4088
* 대통산(大通山) 대통사(大通寺) 해남정맥선원
전남 해남군 화산면 송계길 132-98 중정마을 ☎ 061-536-6366

바로보인 불법 ㊸

전 등 록 3

초판 1쇄 펴낸날 단기 4354년, 불기 3048년, 서기 2021년 8월 30일

역 저 농선 대원 선사
펴 낸 곳 도서출판 문젠(Moonzen Press)
11192, 경기도 포천시 내촌면 소리개길 86-178
전화 031-534-3373 팩스 031-533-3387
신고번호 2010.11.24. 제2010-000004호

편집윤문출판 법심 최주희, 법운 정숙경
인디자인 전자출판 지일 박한재
표 지 글 씨 춘성 박선옥
인 쇄 북크림

도서출판문젠 www.moonzenpress.com
정 맥 선 원 www.zenparadise.com
사막화방지국제연대(IUPD) www.iupd.org

값 15,000원
ISBN 978-89-6870-603-5
ISBN 978-89-6870-600-4 04220(전30권)

서 문

전등록은 말 없는 말이며 말 밖의 말이라서 학식이나 재치만으로는 번역이 실로 불가능한 일이다. 그러기에 육조단경(六祖壇經)을 보면 법화경을 삼천 번이나 독송한 법달(法達)은 글 한 자 모르시는 육조(六祖)께 경의 뜻을 물었고, 글을 모르시는 육조께서는 법화경의 바른 뜻을 설파하셔서 법달을 깨닫게 하신 것이다.

그런데 하루는 본인에게 법을 물으러 다니시던 부산의 목원 하상욱 본연님이 오셔서 시중에 나온 전등록 번역본 두세 가지를 보이시며 범인인 당신에게도 부처님과 조사님들의 본래 뜻에 맞지 않는 대문이 군데군데 눈에 뜨인다며 바른 의역의 필요성을 절감한다고 하셨다. 그 후로 전등록 번역을 바로 해주십사 하는 간청이 지극하여 비록 단문하나 이 일을 시작하게 되었다.

부처님과 조사님들의 근본 뜻에 어긋남이 없게 하기 위해 노력하였으나 약속한 기간 내에 해내기란 실로 벅찬 일이어서 혹시 미비한 점이 없지 않으리니 강호 제현의 좋은 지적이 있기를 바란다.

불법(佛法)이란 본자연(本自然)이라 누가 설(說)하고 누가 듣고 배울 자리요만 그렇지 못한 이가 또한 있어서 부처님과 조사님들의 허물이 생기는 것이다.

어떤 것이 부처인고?
화분의 빨간 장미니라.

이 가운데 남전(南泉) 뜰꽃 도리(道理)며 한산(寒山) 습득(拾得)의 웃음을 누릴진저.

단기(檀紀) 4354년
불기(佛紀) 3048년
서기(西紀) 2021년

무등산인 농선 대원 분향근서
(無等山人 弄禪 大圓 焚香謹書)

양억(楊億)의 경덕전등록 서문

석가모니께서 일찍이 연등 부처님의 수기를 받아, 현겁(賢劫)의 보처(補處)가 되어 이 땅에 탄강하시고 법을 펴서 교화하시기가 49년이었으니 방편과 진리, 돈오(頓悟)와 점수(漸修)의 문호를 여시고, 헤아릴 수 없이 많은 다양한 교법을 내려 주셨다.

근기(根機)에 따라 진리를 깨닫게 하신 데서 삼승(三乘)의 차별이 생겼으니, 사물에 접하는 대로 중생을 이롭게 하여 한량없는 중생을 제도하셨다. 그 자비는 넓고 컸으며 그 법식(法式)은 두루 갖추어져 있었다.

쌍림(雙林)에서 열반에 드실 때 가섭(迦葉)에게만 유촉하신 것이 차츰 차츰 전하여 달마에 이르러서 비로소 문자를 세우지 않고 마음의 근원을 곧바로 보이게 되었으니, 차례를 밟지 않고 당장에 부처의 경지에 오르게 되어 다섯 잎[1]이 비로소 무성하고 천 개의 등불[2]이 더욱 찬란하여서, 보배 있는 곳에 이른 이는 더욱 많고, 법의 바퀴를 굴린 이도 하나가 아니었다.

부처님께서 부촉하신 종지와 정법안장(正法眼藏)이 유통되는 도리는 교리 밖에서 따로 행해지는 불가사의(不可思議)한 것이다.

태조(太祖)께서 거룩하신 무력으로 전란을 진압하신 뒤에 사찰을 숭상하여 제도의 문을 활짝 여셨고, 태종(太宗)께서 밝으신 변재로 비밀한 법을 찬술하시어 참된 이치를 높이셨으며, 황상(皇上)[3]께서 높으신 학덕으로 조사의 뜻을 이어 거룩한 가르침에 머릿말을 쓰셔 종풍(宗風)을 잇게 하시니, 구름 같은 문장이 진리의 하늘에 빛나고, 부처의 황금같은 설법

---

1) 다섯 잎 : 중국 선종의 2조 혜가로부터 6조 혜능에 이르는 다섯 조사를 말한다.
2) 천 개의 등불 : 중국에 선법(禪法)이 전해진 이후 등장한 수많은 견성도인들을 말한다.
3) 황상(皇上) : 송의 진종(眞宗)을 말한다.

이 깨달음의 동산에 펼쳐졌다.

대장경의 말씀에 비밀히 계합하고, 인도로부터의 법맥이 번창하니, 뭇 선행을 늘리는 이가 더욱 많아졌고, 요의(了義)[4]를 전하는 사람들이 간간이 나타나서 원돈(圓頓)의 교화가 이 지역에 퍼졌다.

이에 동오(東吳)의 승려인 도원(道原)이 선열(禪悅)의 경지에 마음을 모으고, 불법의 진리를 샅샅이 찾으며, 여러 세대의 조사 법맥을 찾고, 제방의 어록(語錄)을 모아 그 근원과 법맥에 차례를 달고, 말씀들을 차례차례 엮되, 과거 7불로부터 대법안(大法眼)의 문도에 이르기까지 무릇 52세대, 1,701인을 수록하여 30권으로 만들어 경덕전등록이라 하여 대궐로 가지고 와서 유포해 주기를 청하였다.

황상께서는 불법을 밖으로부터 보호하고자 하시고, 승려들의 부지런함을 가상히 여겨 마음가짐을 신중히 하고 생각을 원대히 하여 좌사간(左司諫) 지제고(知制誥) 양억(楊億)과 병부원외랑(兵部員外郎) 지제고(知制誥) 이유(李維)와 태상승(太常承) 왕서(王曙) 등을 불러 교정케 하시니, 신(臣) 등은 우매하여 삼학(三學)[5]의 근본 뜻을 모르고 5성(五性)[6]의 방편에 어두우며, 훌륭한 번역 솜씨도 없고, 비야리 성에서 보인 유마 거사의 묵연(默然) 도리[7]에도 둔하건만 공손히 지엄하신 하명(下命)을 받들어 감히 끝내 사양하지 못하였다.

그 저술된 내용을 두루 살펴보면 대체로 진공(眞空)[8]으로써 근본을 삼고 있고, 옛 성인께서 도에 들던 인연을 서술할 때나 옛 사람이 진리를 깨달은 이야기를 표현할 때엔 근기와 인연의 계합함이 마치 활쏘기와 칼쓰

---

4) 요의(了義) : 일을 다 마친 도리, 깨달아서 깨달음마저 두지 않는 경지를 말한다.

5) 삼학(三學) : 계(戒), 정(定), 혜(慧).

6) 5성(五性) : 법상종의 용어. 일체중생의 근기를 다섯 성품으로 나누어서 성불할 근기와 성불하지 못할 근기로 나누었다.

7) 유마 거사의 묵연 도리 : 유마 거사가 비야리성에서 그를 문병하러 온 문수보살과 법담을 할 때 잠자코 말이 없음으로 불이(不二)의 도리를 드러내 보인 일을 말한다.

8) 진공(眞空) : 색(色)이니 공(空)이니를 초월해서 누리는 경지.

기가 알맞는 것 같아 지혜가 갖추어진 데서 광명을 내어, 채찍 그림자만 보고도 달리는 말과 같은 상근기자(上根機者)들에게 널리 도움이 되고 있다.

후학(後學)들을 인도함에는 현묘한 진리를 드날리고 있고, 다른 이야기를 가져올 때에는 출처를 밝히고 있으며, 다듬어지지 않은 부분도 많으나 훌륭한 부분도 찾아볼 수 있었다. 모든 대사들이 대중에게 도리를 보일 때에 한결같은 소리로 펼쳐 보이고 있으니 영특한 이가 귀를 기울여 듣는다면 무수한 성인들이 증명한다 할 것이다. 개괄해서 들추어도 그것이 바탕이어서 한군데만 취해도 그대로가 옳다.

만일 별달리 더 붓을 댄다면 그 돌아갈 뜻을 잃을 것이다. 중국과 인도에서의 말이 이미 다르지 않은데 자칫하면 구슬에다 무늬를 새기려다 보배에 흠집을 낼 우려가 있기에, 이런 종류는 모두 그대로 두었다. 더욱이 일은 실제로 행한 것만을 취해 기록하여 틀림없이 잘 서술했으나 말이란 오래도록 남아 전해지는 까닭에 전혀 문장을 다듬지 않을 수는 없었다.

어떤 사연을 기록할 때엔 그 자취를 자세히 하였고 말이 복잡해지거나 이야기가 저속한 것이 있으면 모두 삭제하되 문맥이 통하게 하였다.

유교(儒教)의 대신이나 거사(居士)의 문답에 이르러 벼슬자리와 성씨가 드러난 이는 연대와 역사에 비추어 잘못을 밝히고, 사적(史籍)에 따라 틀린 점을 바로잡아 믿을 만한 전기가 되게 하였다.

만일 바늘을 던져 맞추듯 한 치의 어긋남 없이 도리를 밝히는 일이 아니거나, 번갯불이 치듯 빠른 기틀을 내보이는 일이 아니거나, 묘하게 밝은 참 마음을 보이는 일이 아니거나, 고(苦)와 공(空)의 깊은 이치를 조사(祖師)의 뜻 그대로 기술(記述)하는 일이 아니라면, 어떻게 등불을 전한다는 전등(傳燈)이라는 비유에 계합(契合)하는 그 극진한 공덕을 베풀 수 있었겠는가?

만일 감응(感應)한 징조만을 서술하거나 참문하고 행각한 자취만을 기록한다 할 것 같으면 이는 이미 승사(僧史)에 밝혀져 있는 것이니, 어째서 선가(禪家)의 말씀을 굳이 취하겠는가? 세대와 계보의 명칭을 남긴 것만이 아니라 스승과 제자가 이어지는 근거를 널리 기록하였다.

그러나 옛날 책에 실린 것을 보면 잘 다듬어지지 않은 내용을 수록하고 잘 다듬어진 것은 버린 일이 있는데, 다른 기록에 남아 있으면 해당하는 문장을 찾아 보완하고, 더욱 널리 찾아서 덧붙이기도 하였다. 또한 서문과 논설에 이르러 혹 옛 조사(祖師)의 문장이 아닌 것이 사이사이 섞이어 공연히 군소리가 되었으면 모두 간추려서 다 깎아버렸으니, 이같이 하여 1년 만에 일이 끝났다.

저희 신(臣)들은 성품과 식견이 우둔하고, 학문이 넓지 못하고, 기틀이 본래 얕고, 문장력은 부족하여 묘한 도리가 사람에게 달렸다고는 하나 마음에서 떠난 지 오래되고 깊은 진리를 나타내는 말이 세속에서 단절되어, 담벽을 마주한 듯 갑갑하게 지낸 적이 많았다. 과분하게도 추천해 주시는 은혜를 받았으나 아무 힘도 발휘하지 못했다. 편찬하는 일이 이미 끝났으므로 이를 임금님께 바친다. 그러나 임금님의 뜻에 맞지 않아, 임금님께서 거룩히 살펴보시는 데에 공연히 누만 끼치는 것이 아닌가 한다. 삼가 바친다.

한림학사조산대부행좌사간지제고동
수국사판사관사주국남양군개국후식읍
1천백호사자금어대신 양억 지음

景德傳燈錄序 昔釋迦文。以受然燈之夙記當賢劫之次補。降神演化四十九年。開權實頓漸之門。垂半滿偏圓之教。隨機悟理。爰有三乘之差。接物利生。乃度無邊之衆。其悲濟廣大矣。其軌式備具矣。而雙林入滅。獨顧於飲光。屈眴相傳。首從於達磨。不立文字直指心源。不踐楷梯徑登佛地。逮五葉而始盛。分千燈而益繁。達寶所者蓋多。轉法輪者非一。蓋大雄付囑之旨。正眼流通之道。教外別行不可思議者也。

聖宋啟運人靈幽贊。太祖以神武戡亂。而崇淨剎。闢度門。太宗以欽明禦辯。而述祕詮。暢真諦。皇上睿文繼志而序聖教繹宗風。煥雲章於義天。振金聲於覺苑。蓮藏之言密契。竺乾之緒克昌。殖衆善者滋多。傳了義者間出。圓頓之化流於區域。有東吳僧道原者。冥心禪悅。索隱空宗。披弈世之祖圖。采諸方之語錄。次序其源派。錯綜其辭句。由七佛以至大法眼之嗣。凡五十二世。一千七百一人。成三十卷。目之曰景德傳燈錄。詣闕奉進冀於流布。

皇上爲佛法之外護。嘉釋子之勤業。載懷重慎。思致悠久。乃詔翰林學士左司諫知制誥臣楊億。兵部員外郎知制誥臣李維。太常丞臣王曙等。同加刊削。俾之裁定。臣等昧三學之旨迷五性之方。乏臨川翻譯之能。懵毘邪語默之要。恭承嚴命。不敢牢讓。竊用探索匪遑寧居。考其論譔之意。蓋以真空爲本。將以述曩聖入道之因。標昔人契理之說。機緣交激。若拄於箭鋒。智藏發光。旁資於鞭影。

誘道後學。敷暢玄猷。而捃摭之來。徵引所出。糟粕多在。油素可尋。其有大士。示徒。以一音而開演。含靈聳聽。乃千聖之證明。屬概舉之是資。取少分而斯可。若乃別加潤色失其指歸。既非華竺之殊言。頗近錯雕之傷寶。如此之類悉仍其舊。況又事資紀實。必由於善敘。言以行遠。非可以無文。其有標錄事緣。縷詳軌跡。或辭條之紛糾。或言筌之猥俗。並從刊削。俾之綸貫。

至有儒臣居士之問答。爵位姓氏之著明。校歲歷以愆殊。約史籍而差謬。鹹用刪去。以資傳信。自非啟投針之玄趣。馳激電之迅機。開示妙明之真心。祖述苦空之深理。即何以契傳燈之喻。施刮膜之功。若乃但述感應之徵符。專敘參遊之轍跡。此已標於僧史。亦奚取於禪詮。聊存世系之名。庶紀師承之自然而舊錄所載。或掇粗而遺精。別集具存。當尋文而補闕。率加采擷。爰從附益。逮於序論之作。或非古德之文。問廁編聯徒增楦釀（楦釀二字出唐張燕公文集。謂冗長也）亦用簡別多所屏去。迄茲周歲方遂終篇。臣等性識媿於冥煩。學問慚於涉獵。天機素淺。文力無餘。妙道在人。雖刳心而斯久。玄言絕俗。固牆面以居多。濫膺推擇之私。靡著發揮之效。已克終於紬繹。將仰奉於清間。莫副宸襟空塵睿覽。謹上。

翰林學士朝散大夫行左司諫知制誥同
修國史判史館事柱國南陽郡開國侯食邑
一千百戶賜紫金魚袋臣楊億 撰

승려 희위(希渭)의 경덕전등록 재발간사

호주로(湖州路) 도량산(道場山) 호성만세선사(護聖萬歲禪寺)의 늙은 중 희위(希渭)는 본관이 경원로(慶元路) 창국주(昌國州)이며 성은 동(董)씨다.

어릴 때부터 고향의 성에 있는 관음선사(觀音禪寺)에 가서 절조(絶照) 화상을 스승으로 삼았고, 법명(法名)을 받게 되어 자계현(慈溪懸) 개수(開壽)의 보광선사(普光禪寺)에 가서 용원(龍源) 화상에 의해 머리를 깎고 중이 되었다.

그대로 오대율사(五臺律寺)로 가서 설애(雪涯) 화상에게 구족계를 받은 뒤에 짐을 꾸려 서쪽으로 향해 행각을 떠나 수행을 하다가 나중에 다시 은사이신 용원 화상을 만나 이 산으로 옮겨 왔다.

스승을 따라 배움에 참여하고 이로움을 구한 지 벌써 여러 해가 되었다. 항상 스승의 은혜를 생각하면서도 갚을 기회가 없었다. 그런데 삼가 윗대로부터의 부처와 조사들을 수록한 경덕전등록 30권을 보니 7불로부터 법안(法眼)의 법사(法嗣)에 이르기까지 전부 52세대(世代)인데, 경덕(景德)에서 연우(延祐) 병진년에 이르기까지 317년이나 지나서 옛 판본이 다 썩어버려 남아있지 않기 때문에 후학들이 보고 싶어도 볼 수가 없었다. 이에 발심하여 다시 간행한다.

홀연히 내 고향에 있는 천성선사(天聖禪寺)의 송려(松廬) 화상이 소장하고 있던, 여산(廬山)의 은암(隱庵)에서 찍은 옛 책이 가장 보존이 잘 된 상태로 입수되었는데, 아주 내 마음에 들었다. 마침내 병진(丙辰)년 정월 10일에 의발 등속을 모두 팔아 1만 2천여 냥을 얻었다. 그날 당장에 공인(工人)에게 간행할 것을 명하여 조사의 도리가 세상에 유포되게 하였다. 이 책은 모두 36만 7천 9백 17자이다. 그해 음력 12월 1일에야 공인의 작업이 끝났다.

당장에 300부를 인쇄하여 전당강(錢塘江) 남북지역과 안중(安衆)지역[9]의 여러 명산(名山)의 방장(方丈)[10]과 몽당(蒙堂)[11]과 여러 요사(寮舍)[12]에 한 부씩을 비치케 하여 온 세상의 도를 분변(分辨)하는 참선납자(參禪衲子)들이 참구하기에 편하도록 하였다. 이를 잘 이용하여 사은(四恩)[13]을 갚고 아울러 삼유(三有)의 중생[14]에게도 도움이 되기 바란다.

대원(大元) 연우(延祐) 3년[15] 음력 12월 1일
늙은 중 희위(希渭)가 삼가 쓰고
젊은 비구 문아(文雅)가 간행을 감독하고
주지 비구 사순(士洵)이 간행하다.

9) 두 지역은 희위 스님의 고향인 호주(湖州)와 비교적 인접한 지역들이다.

10) 방장(方丈) : 절의 주지가 거처하는 방. 지금은 견성한 이가 아니더라도 주지를 맡고 있으나 그 당시에는 견성한 도인이라야 그 절의 주지를 맡았다. 따라서 방장에는 대체로 법이 높은 스님이 기거하는 경우가 대부분이었다.

11) 몽당(蒙堂) : 승사(僧寺)의 일에서 물러난 사람이 거처하는 방.

12) 요사(寮舍) : 절에서 대중이 숙식하는 방.

13) 사은(四恩) : 보시(布施), 자애(慈愛), 화도(化導), 공환(共歡)의 네가지 시은(施恩), 또는 부모(父母), 중생(衆生), 국왕(國王), 삼보(三寶)의 네가지 지은(知恩).

14) 삼유(三有)의 중생 : 욕계(慾界), 색계(色界), 무색계(無色界)의 삼계(三界)를 유전하는 미혹한 중생.

15) 서기 1316년.

차 례

일러두기

1. 대만에서 펴낸 『경덕전등록(景德傳燈錄)』(宋釋道原 編, 新文豐出版公司, 民國 75년, 1986년)에 의거해서 번역했으며 누락된 부분 없이 완역하였다.
2. 농선 대원 선사가 각 선사장마다 선리의 토끼뿔을 더하여 닦아 증득하는데 도움이 되도록 하였다.
3. 뜻이 통하지 않는데도 오자가 아닐 때는 옛 한문 사전에서 그 조사 당시에 그 글자가 어떻게 쓰였는가를 찾아 번역하였다. 예를 들어 '還'자가 돌아올 '환'으로가 아니라 영위할 '영'으로 쓰여 뜻이 통한 경우에는 '영위하다' '누리다'로 의역하였다.
4. 선사들의 생몰연대는 여러 기록된 내용이 일치하지 않거나 미상으로 되어 있는 바가 많아, 각 선사 당시의 나라와 왕의 연대, 불교의 상황 등을 역사학자들이 전문적으로 연구하여 밝혀야 할 부분이 있기에, 이 책에서는 여러 자료와 연구 결과가 일치된 내용만을 주에서 표기하였다.
5. 첨가한 주의 내용은 불교에 대한 지식이 없는 이들도 선문답을 참구해 가는데 도움이 되도록 간략하게 달았으며, 주의 내용에 따라서는 사전적인 뜻보다는 선리(禪理)로서 그 뜻을 밝혀 마음에 비추어 참구할 수 있도록 하였다.

3권 법계보

중국(中國) 제28조(祖) - 제32조(祖)와 곁가지로 나온 법손 (25인)

- **제28조 보리달마(菩提達磨) 대사**

  보리달마에게서 곁가지로 나온 3인

  - 도육(道育) 선사
  - 도부(道副) 선사
  - 이총지(尼總持)

  (이상 3인은 본문에 기록되어 있지 않다. 원주)

- **제29조 혜가(慧可) 대사**

  혜가 대사에게서 곁가지로 나온 7세 17인

  - 승나(僧那) 선사
  - 향(向) 거사
  - 상주(相州) 혜만(慧滿) 선사

  (이상 3인은 본문에 기록되어 있다. 원주)

  - 현산(峴山) 신정(神定) 선사
  - 보월(寶月) 선사
  - 화한(華閑) 거사
  - 대사화공(大士化公)
  - 화공(和公)
  - 요(廖) 거사

3권 법계보

앞의 화한 거사에게서 나온 1인

- 담수(曇邃)

앞의 담수에게서 나온 3인

- 연릉(延陵) 혜간(慧簡)
- 팽성(彭城) 혜차(慧瑳)
- 정림사(定林寺) 혜강(慧綱)

앞의 혜강에게서 나온 1인

- 육합(六合) 대각(大覺)

앞의 대각에게서 나온 1인.

- 고우(高郵) 담영(曇影)

앞의 담영에게서 나온 1인

- 태산(泰山) 명련(明練)

앞의 명련에게서 나온 1인

- 양주(揚州) 정태(靜泰)

(이상 14인은 본문에 기록되어 있지 않다. 원주)

- **제30조 승찬(僧璨) 대사**
- **제31조 도신(道信) 대사**

(곁가지로 나온 76인은 제4권 참조)

- **제32조 홍인(弘忍) 대사**

(곁가지로 나온 107인은 제4권 참조)

제28조(祖) - 제32조(祖)와 그 법손(法孫)
중국(中國)

제28조 보리달마(菩提達磨) 대사

보리달마 대사는 남천축국 향지왕(香至王)의 셋째 아들로 성은 찰제리이고 본래의 이름은 보리다라이다.

뒤에 제27조 반야다라 존자가 본국에 돌아와 왕의 공양을 받는 자리에서 보리다라의 비밀한 자취를 알고, 시험 삼아 두 형과 더불어 보시 받은 보배구슬을 분별하게 함으로써 심요를 밝히게 하였다.[1)]

그리고는 반야다라 존자가 말하였다.

"그대는 모든 법을 다 깨달았다. 달마라 하는 것은 크게 통달하다라는 뜻이니 이름을 달마라 하라."

그리하여 보리달마라 이름을 고쳤다.

보리달마 대사는 이어 반야다라 존자에게 물었다.

第二十八祖菩提達磨者。南天竺國香至王第三子也。姓刹帝利。本名菩提多羅。後遇二十七祖般若多羅至本國受王供養。知師密迹。因試令與二兄辨所施寶珠。發明心要。既而尊者謂曰。汝於諸法已得通量。夫達磨者通大之義也。宜名達磨。因改號菩提達磨。師乃告尊者曰。

1) 전등록 제2권 "제27조 반야다라"편 참조.

"제가 이미 법을 얻었으니 어느 나라로 가서 불사를 하오리까? 바라옵건대 일러 주십시오."

반야다라 존자가 말하였다.

"그대가 비록 법을 받았으나 멀리 떠나지는 말라. 우선 남천축에 머물렀다가 내가 열반에 든 지 67년 뒤에 진단(震旦)으로 가서 큰 법약(法藥)[2]을 베풀어 상근기(上根機)들을 직접 대하라. 행여 너무 빨리 떠나서 햇볕에 시드는 일이 없도록 하라."

대사가 다시 물었다.

"그곳에 법기가 될 만한 대사들이 있겠습니까? 천년 뒤에 재난이 없겠습니까?"

"그대가 교화할 지방에서 보리를 얻는 이가 셀 수 없을 것이다. 내가 열반에 든 지 60여 년 뒤 그 나라에 재난이 있을 것인데, 수중문포(水中文布)[3]를 스스로 잘 항복시켜라.

我既得法。當往何國而作佛事。願垂開示。尊者曰。汝雖得法未可遠遊。且止南天竺待吾滅後六十七載。當往震旦設大法藥直接上根。慎勿速行衰於日下。師又曰。彼有大士堪為法器否。千載之下有留難否。尊者曰。汝所化之方獲菩提者不可勝數。吾滅後六十餘年彼國有難。水中文布自善降之。

---

2) 법약(法藥) : 중생을 깨닫게 하는 모든 방편.

3) 수중문포(水中文布) : 문포(文布)는 '무늬가 있는 천〔有花紋的布〕'이라는 뜻으로, 수중문포는 물속의 무늬라는 뜻인데 '흐른다'는 의미를 상징한다. 양무제의 이름인 소연(蕭衍)의 연(衍)자가 '물이 흘러서 바다로 들어가다'라는 뜻을 담고 있어 양무제를 의미한 것으로 보인다.

그대가 가거든 남쪽에는 머물지 말라. 거기에는 유위(有爲)[4]의 공덕만을 좋아하는 이가 있어서 부처님의 이치를 보지 못하리라. 또 그대가 거기에 가더라도 오래 머물지는 말라. 나의 게송을 들어라."

길을 가다 물을 건너 다시 양을 만나네
혼자서 쓸쓸히 강을 건넌다
햇볕 아래 쌍 상마(象馬)는 가엾고
두 그루의 계수나무 오랜만에 무성하리[5]

汝至時南方勿住。彼唯好有為功業不見佛理。汝縱到彼亦不可久留。聽吾偈曰。

路行跨水復逢羊
獨自悽悽暗渡江
日下可憐雙象馬
二株嫩桂久昌昌

4) 유위(有爲) : 생멸하는 온갖 법의 총칭. 인연으로 말미암아 조작 되는 모든 현상. 생(生), 주(住), 이(異), 멸(滅)의 형태가 있다.

5) 가다가 물을 건넌다는 것은 行자의 가운데 水를 끼우는 파자법(破字法)을 써서 衍자를 만든 것이니 양(梁)의 숙연(肅衍)을 예언한 것이다. 다시 양을 만난다 한 데에서 羊은 陽을 말하는 것으로서 낙양(洛陽)에 이른다는 것을 예언한 것이다. 쓸쓸히 강을 건넌다는 것은 양무제(梁武帝)와 헤어져 양자강(楊子江)을 건너는 것을 예언한 것이다. 두 쌍의 상마(象馬)라 한 데에서 두 상(象)은 두 임금이요, 두 마(馬)는 보리류지(菩提流支)와 광통(光統) 두 스님이다. 두 그루의 계수나무는 소림(少林)이요, 오랜만이라는 久자는 九를 의미하는 것으로서 9년만에야 달마의 법이 비로소 번성하리라는 것이다.

다시 여덟 게송을 읊었는데 모두가 불교의 앞날을 예언한 것이었다.[6)]

대사가 공손히 가르침을 받으면서 곁에서 40년을 잠시도 떠나지 않고 모시다가, 반야다라 존자가 세상을 떠난 뒤에 본국에서 교화를 폈다.

이때에 두 법사가 있었는데, 하나는 불대선(佛大先)이고 또 하나는 불대승다(佛大勝多)로, 본래 대사와 함께 불타발타의 소승선관(小乘禪觀)을 배웠었다.

불대선은 반야다라 존자를 만나 소승을 버리고 대승을 배워 대사와 함께 교화를 펴니, 그때에 사람들이 두 감로문(甘露門)이라 하였다.

그러나 불대승다는 다시 교화문을 나누어 여섯 종을 만드니, 첫째는 유상종(有相宗), 둘째는 무상종(無相宗), 셋째는 정혜종(定慧宗), 네째는 계행종(戒行宗), 다섯째는 무득종(無得宗), 여섯째는 적정종(寂靜宗)이었다.

復演八偈。皆預讖佛教隆替(事具寶林傳及聖胄集)師恭稟教義。服勤左右垂四十年未嘗廢闕。逮尊者順世。遂演化本國。時有二師。一名佛大先。一名佛大勝多。本與師同學佛陀跋陀小乘禪觀。佛大先既遇般若多羅尊者。捨小趣大與師並化。時號二甘露門矣。而佛大勝多更分途而為六宗。第一有相宗。第二無相宗。第三定慧宗。第四戒行宗。第五無得宗。第六寂靜宗。

6) 상세한 것은 『보림전』과 『성주집』에 기록되어 있다. (원주)

이들은 제각기 자기의 견해를 고집하여 따로따로 교화를 펴니 각각 그 무리가 매우 번성하였다.

대사가 한숨을 쉬며 탄식하면서 말하였다.

"불대승다는 자신도 소의 발자국에 빠졌거늘 하물며 어지럽게 번성하여 여섯 종파를 나누니, 내가 제도해주지 않으면 영원히 삿된 소견에 빠지리라."

말을 마치고 나서 대사는 약간의 신통을 나타내어 첫째의 유상종(有相宗)에게 가서 물었다.

"일체 모든 법에서 어떤 것을 실상(實相)이라 이름하는가?"

그 무리 가운데 존장인 살바라라는 이가 대답하였다.

"모든 형상 가운데 어떤 형상도 뒤섞임 없는 것을 실상이라 합니다."

대사가 말하였다.

"일체 모든 상이 뒤섞임 없는 것이 실상이라고 한다면 그것은 어떻게 정해졌는가?"

各封己解別展化源。聚落崢嶸徒眾甚盛。大師喟然而歎曰。彼之一師已陷牛迹。況復支離繁盛而分六宗。我若不除永纏邪見。言已。微現神力至第一有相宗所。問曰。一切諸法何名實相。彼眾中有一尊長薩婆羅。答曰。於諸相中不互諸相是名實相。師曰。一切諸相而不互者。若明[7]實相當何定耶。

7) 明이 송, 원나라본에는 名으로 되어 있다.

그가 말하였다.

"일체 모든 형상 가운데는 진실로 결정할 것이 없습니다. 만일 모든 형상이 결정되었다면 어찌 실상이라 하겠습니까?"

대사가 말하였다.

"모든 상이 정해져 있지 않은 것을 실상이라 이름한다면, 그대가 지금 정해지지 않았다고 한 것은 응당 어떻게 얻었는가?"

"나는 정해져 있지 않은 것을 말한 것이지 모든 상을 말한 것이 아닙니다. 응당 모든 상을 말할 때도 그 뜻이 또한 이러합니다."

"그대가 정해져 있지 않은 것을 응당 실상이라고 말했는데, 정해져 있지 않은 것을 정해진 것이라 한 고로 곧 실상이 아니다."

그가 말하였다.

"정해진 것이라지만 정해진 것도 아니므로 곧 실상이라 해도 그르친 것입니다. 나는 그르친다는 것을 앎으로 정해진 것도 변한 것도 아닙니다.

彼曰。於諸相中實無有定。若定諸相何名為實。師曰。諸相不定便名實相。汝今不定當何得之。彼曰。我言不定不說諸相。當說諸相其義亦然。師曰。汝言不定當為實相。定不定故即非實相。彼曰。定既不定即非實相。知我非故不定不變。

대사가 말하였다.

"그대가 지금 변한 것도 아니라고 했거늘 어찌 실상이라고는 이름하는가? 이미 변하였고 이미 지나가서 그 뜻이 또한 그러하다."

그가 말하였다.

"변하지 않는 것은 응당 존재하며, 존재한다 하나 존재하지 않는 것이어서 실상이 변화해서 그 뜻이 정해지는 것입니다."

대사가 말하였다.

"실상은 변하지 않으며 변하는 것은 곧 실다운 것이 아니다. 있음과 없음 가운데 어느 것을 이름하여 실상이라 하겠는가?"

살바라가 마음속으로 거룩한 대사임을 알고 깊이 사무쳐서 손으로 허공을 가리키면서 말하였다.

"이는 세간의 유위(有爲)의 형상이지만 또한 공합니다. 나의 이 몸도 그와 같을 수 있습니까?"

대사가 말하였다.

師曰。汝今不變何名實相。已變已往其義亦然。彼曰。不變當在。在不在故。故變實相以定其義。師曰。實相不變。變即非實。於有無中何名實相。薩婆羅心知聖師懸解潛達。即以手指虛空曰。此是世間有相。亦能空故。當我此身得似否。師曰。

"만약 실상을 알면 곧 상이 아님을 보게 되고, 만약 상이 아님을 깨달으면 물질〔色〕도 또한 그러하다. 응당 물질 가운데서 물질의 본체를 잃지 않으면, 상이 아닌 가운데서 있음에 걸릴 것도 없기 때문이다. 만약 능히 이렇게 알면 이것을 이름하여 실상이라 한다."

그 무리들이 이 말을 듣고 마음이 밝아져 공경하며 예배하면서 믿어 받았다.

대사는 다시 눈 깜짝하는 사이에 몸을 숨기었다가 둘째의 무상종(無相宗)에게 가서 물었다.

"그대가 무상이라 하는 것은 응당 어떻게 증득하는가?"

그 무리 가운데 바라제라는 지혜 있는 이가 대답하였다.

"제가 무상이라 밝히는 것은 마음은 나타나는 것이 아니기 때문입니다."

대사가 말하였다.

"그대가 마음이 나타나지 않는다고 했는데 그것은 어떻게 밝히는가?"

若解實相即見非相。若了非相其色亦然。當於色中不失色體。於非相中不礙有故。若能是解此名實相。彼眾聞已。心意朗然欽禮信受。師又瞥然匿跡至第二無相宗所。問曰。汝言無相當何證之。彼眾中有智者波羅提答曰。我明無相心不現故。師曰。汝心不現當何明之。

그가 말하였다.

"제가 밝히는 무상은 마음에 취하고 버림이 없으며, 밝힐 때를 대해서도 또한 대했다는 바가 없습니다."

대사가 말하였다.

"모든 있고 없음에 대하여 마음에 취하고 버림이 없으며, 또한 대했다는 것도 없다고 한다면 모든 밝힘이라는 것도 없어야 한다."

그가 말하였다.

"부처님의 삼매에 들면 얻을 바도 없는데 어찌 무상인들 알고자 하겠습니까?"

대사가 말하였다.

"상이라는 것도 이미 알려고 할 것도 없다면 누가 있고 없음을 말하며, 또한 얻을 바도 없다면 어찌 삼매라고인들 이름 붙일 수 있겠느냐?"

그가 말하였다.

"제가 증득할 바가 없다 한 것은 증득할 바 없음을 증득했다는 것이며, 삼매도 아니기 때문에 제가 삼매라 하였습니다."

彼曰。我明無相心不取捨。當於明時亦無當者。師曰。於諸有無心不取捨。又無當者諸明無故。彼曰。入佛三昧尚無所得。何況無相而欲知之。師曰。相既不知誰云有無。尚無所得何名三昧。彼曰。我說不證證無所證。非三昧故我說三昧。

대사가 말하였다.

“삼매도 아니라면서 응당 어떻게 이름했으며, 그대가 이미 증득함이 없다면 증득한 것이 아니거늘 어떻게 증득했다 하느냐?”

바라제가 대사의 변론과 분석을 듣고 곧 본심을 깨달아서 대사에게 감사의 예를 올리며 이전의 잘못을 참회하였다.

대사는 그에게 수기를 주며 말하였다.

“그대는 응당 오래지 않아 증득하여 과위를 얻을 것이며, 이 나라에 마가 있는데 머지않아 항복시킬 것이다.”

말을 마치자 홀연히 사라져서 셋째의 정혜종(定慧宗)에게 가서 물었다.

“그대들이 정혜를 배우는데 하나인가, 둘인가?”

그 무리 가운데 바란타라는 이가 대답하였다.

“우리들의 이 정혜는 하나도 아니요, 둘도 아닙니다.”

대사가 말하였다.

“하나도 둘도 아니라면 어찌 정혜라 이름하는가?”

그가 말하였다.

師曰。非三昧者何當名之。汝既不證非證何證。波羅提聞師辯析即悟本心。禮謝於師懺悔往謬。師記曰。汝當得果不久證之。此國有魔非久降之。言已忽然不現至第三定慧宗所。問曰。汝學定慧為一為二。彼眾中有婆蘭陀者答曰。我此定慧非一非二。師曰。既非一二何名定慧。彼曰。

"정에 머물러 있다면 정이 아니요 혜에 머물러 있다면 혜가 아니니, 하나라 하나 곧 하나가 아니요 둘이라 하나 또한 둘이 아닙니다."

대사가 말하였다.

"응당 하나라 하나 곧 하나가 아니요 응당 둘이라 하나 곧 둘이 아니라면, 이미 정도 혜도 아니거늘 무엇을 정혜라 하는가?"

그가 말하였다.

"하나도 아니요 둘도 아니지만 정혜는 능히 알 수 있으며, 정도 혜도 아닌 경우도 이와 같습니다."

대사가 말하였다.

"혜가 정이 아니라면 어찌 알 수 있겠는가? 하나도 아니고 둘도 아니라면, 무엇이 정이고 무엇이 혜인가?"

바란타가 듣고 의심이 얼음 녹듯 사라졌다.

넷째 계행종(戒行宗)에게 가서 물었다.

"무엇을 계라 이름하며, 무엇을 행이라 이름하는가? 이 계와 행은 하나인가, 둘인가?

在定非定處慧非慧。一即非一二亦不二。師曰。當一不一當二不二。既非定慧約何定慧。彼曰。不一不二定慧能知。非定非慧亦復然矣。師曰。慧非定故然何知哉。不一不二誰定誰慧。婆蘭陀聞之疑心氷釋。至第四戒行宗所。問曰。何者名戒。云何名行。當此戒行為一為二。

그 무리 가운데 한 현자가 대답하였다.

"하나와 둘, 둘과 하나가 모두 거기에서 나오니, 가르침에 의거하여 물듦이 없으면 이를 이름하여 계행이라 합니다."

대사가 물었다.

"그대가 교법에 의거한다 함이 곧 물듦이다. 하나와 둘을 모두 부셔야 하거늘 어찌 교법에 의거한다고 하는가? 그렇게 어긋나면 수행이 될 수 없거늘 안팎도 밝히지 못하고서 무엇을 계라 하는가?"

그가 말하였다.

"저에게 안팎이 있다면 이미 알아 마쳤습니다. 통달하면 그것이 계행이니 어긋났다 하지만 모두가 옳다고도 할 수 있고 모두가 그르다고도 할 수 있습니다. 말로써 어찌 청정함에 미치겠습니까? 그대로 곧 계요, 그대로 곧 행입니다."

彼眾中有一賢者。答曰。一二二一皆彼所生。依教無染此名戒行。師曰。汝言依教即是有染。一二俱破。何言依教。此二違背不及於行。內外非明何名為戒。彼曰。我有內外彼已[8]知竟。既得通達便是戒行。若說違背俱是俱非。言及清淨即戒即行。

8) 已가 송나라본에는 巳로 되어 있고, 원나라본에는 己로 되어 있으며, 송나라 주에는 淅本已字作巳依廣燈也。邵本作無字依寶林也。洪舊本作已字。正宗記作以字。未詳孰是로 되어 있고, 원나라 주에는 같으나 단 淅本己字作巳로 되어 있다.

대사가 말하였다.

"모두가 옳고 모두가 그르다면 어찌 청정이라고 말할 수 있으며, 이미 통달했다면 어찌 안팎인들 논하리오."

현자가 듣고 곧 스스로 부끄러워하면서 조복하였다.

다섯째 무득종(無得宗)에게 가서 물었다.

"그대들이 무득이라 하는데 얻을 것이 없다는 것은 어떻게 얻었는가? 이미 얻을 것이 없다 하면 또한 얻을 것 없다는 것을 얻은 것이다."

그 무리 가운데 보정이라는 이가 대답하였다.

"제가 얻을 것이 없다고 말한 것은 얻을 것 없음을 얻은 것도 아닙니다. 이 얻음은 얻음이라 말하지만 이 얻음은 얻음이 없습니다."

대사가 말하였다.

"얻음을 이미 얻을 수 없다면 얻음 또한 얻음이 아니거늘 이미 얻음을 얻었다 말하면 얻음을 얻었다는 것이 어찌 얻음이겠는가?"

師曰。俱是俱非何言清淨。既得通故何談內外。賢者聞之即自慚服。至第五無得宗所。問曰。汝云無得無得何得。既無所得亦無得得。彼眾中有寶靜者。答曰。我說無得非無得得。當說得得無得是得。師曰。得既不得。得亦非得既云得得。得得何得。

그가 말하였다.

“얻음을 보면 얻음이 아니요, 얻음이 아니어야 이것이 얻음이니 만약 얻는 것이 아님을 보면 이름하여 얻음을 얻은 것이라 합니다.”

대사가 말하였다.

“얻음이 이미 얻음이 아니라면 얻음을 얻었다는 것도 얻음이 없다. 이미 얻은 바가 없는데 응당 어떻게 얻음을 얻었다는 것인가?”

보정이 듣고 단박에 의심의 그물이 제거되었다.

여섯째 적정종(寂靜宗)에게 가서 물었다.

“무엇을 적정(寂靜)[9]이라 이름하는가? 이 법 가운데서 무엇이 고요하고 무엇이 적멸한가?”

그곳에 있던 어떤 존자가 대답하였다.

“이 마음이 움직이지 않는 것을 이름하여 적멸이라 하고, 법에 있어서 물듦이 없는 것을 고요하다고 이름합니다.”

대사가 물었다.

彼曰。見得非得。非得是得。若見不得名為得得。師曰。得既非得。得得無得。既無所得。當何得得。寶靜聞之頓除疑網。至第六寂靜宗所。問曰。何名寂靜。於此法中誰靜誰寂。彼有尊者。答曰。此心不動是名為寂。於法無染名之為靜。師曰。

---

9) 적정(寂靜) : 열반의 이치. 적(寂)이란 마음에 일고 스러짐을 다한 것이요, 정(靜)이란 가없어 움직임 없는 당처이다.

"본마음이 적멸하지 않다면 반드시 적정을 의지하여야 하겠지만 본래 적멸하거늘 어찌 적정을 쓰겠는가?"

그가 말하였다.

"모든 법이 본래 공하니 공이라는 것마저 공하기 때문이요, 공이라는 것마저 공한 것을 적정이라 합니다."

대사가 말하였다.

"공이 공하다는 것도 이미 공했고 모든 법도 그러하므로 적정하여 형상이 없거늘, 무엇이 고요하며 무엇이 적멸하겠는가?"

그 존자는 대사의 가르침을 듣고 확연히 깨달았다.

이리하여 여섯 무리가 모두 맹세하고 귀의하니, 이로부터 교화가 남인도국에 퍼지고 명성이 인도의 전역에 알려졌으며 멀고 가까운 곳의 학자들이 바람결에 기울 듯 모여 들었다. 이렇게 60여 년을 지나면서 한량없는 무리를 제도하였다.

후에 이견왕이 삼보를 경멸하고 비방하면서 늘 이렇게 말하였다.

本心不寂要假寂靜。本來寂故何用寂靜。彼曰。諸法本空以空空故。於彼空空故名寂靜。師曰。空空已空諸法亦爾。寂靜無相何靜何寂。彼尊者聞師指誨豁然開悟。既而六眾咸誓歸依。由是化被南天聲馳五印。遠近學者靡然嚮風。經六十餘載度無量眾。後值異見王輕毀三寶。每云。

"나의 조상들은 모두가 불도를 믿었으나 삿된 소견에 빠져 수명이 길지 못하고 왕운도 짧았다. 또 내 몸이 곧 부처인데 어찌 밖에서 구하리오. 선악의 과보는 모두가 말재주 있는 자들이 허망하게 꾸민 것이다."

그리하여 나라 안의 선왕의 존경을 받던 원로들이 모두 쫓겨 나갔다. 대사는 이런 사실을 알고 탄식하였다.

"저 박덕한 사람을 어떻게 해야 구제할까?"

또 이런 생각을 하였다.

'무상종에 두 우두머리가 있는데, 하나는 바라제로 왕과 인연이 있고 머지않아 과위를 증득할 것이다. 또 하나는 종승인데 박식함과 변재가 없는 것은 아니나 숙세의 인연이 없구나.'

이때에 여섯 종파의 무리도 또한 제각기 이런 생각을 하였다.

'불법에 재난이 생겼는데 스승님은 어찌 혼자만 편히 계실까?'

我之祖宗皆信佛道。陷于於邪見。壽年不永運祚亦促。且我身是佛何更外求。善惡報應。皆因多智之者妄搆其說。至於國內耆舊為前王所奉者。悉從廢黜。師知已。歎彼德薄當何救之。又念無相宗中二首領。其一波羅提者。與王有緣將證其果。其二宗勝者。非不博辯而無宿因。時六宗徒眾亦各念言。佛法有難師何自安。

대사가 멀리서 대중의 뜻을 알고 손가락을 튕기어 응답하니, 여섯 무리들이 듣고 '이는 우리 스승이신 달마 대사께서 믿음을 표시하시는 소리이다. 우리들은 반드시 빨리 가서 분부를 받들어야 한다.' 하고는 곧 대사에게 가서 예배하고 문안하였다.

대사가 말하였다.

"지금 한 잎사귀가 허공을 가리웠는데, 누가 없애버리겠는가?"

종승이 대답하였다.

"제가 비록 천박하지만 감히 그 일을 해 보겠습니다."

"그대는 비록 말재주와 지혜는 있으나 아직 도력이 온전치 못하다."

종승은 속으로 생각하였다.

'스승께서는 내가 왕을 뵈옵고 큰 불사를 하면 나의 명예는 느러나고 자신의 위신은 무색해질 것을 두려워하신다. 비록 그가 복과 지혜로써 왕이 되었다 하여도 나는 부처님의 가르침과 종지를 받은 사문인데 어찌 그를 대적하기 어려우리오.'

師遙知衆意即彈指應之。六衆聞之云。此是我師達磨信響。我等宜須速行以副慈命。言已至師所禮拜問訊。師曰。今一葉翳虛孰能剪拂。宗勝曰。我雖淺薄敢憚其行。師曰。汝雖辯慧而道力未全。宗勝自念。我師恐我見王作大佛事。名譽顯達映奪尊威。縱彼福慧為王。我是沙門受佛教旨。豈難敵也。

그리고는 몰래 왕의 처소로 가서 법의 요체와 세계의 고락, 인간과 하늘의 선과 악 등의 일을 널리 설하였다.

왕은 그와 더불어 문답을 주고받으면서 이치에 도달하지 않는 것이 없었다.

왕이 물었다.

"그대가 지금 해설하고 있는 그 법은 어디에 있소?"

종승이 대답하였다.

"왕의 다스림과 같아서 그 도가 합치합니다. 왕의 도는 어디에 있습니까?"

왕이 말하였다.

"나의 도는 삿된 법을 장차 없애기 위한 것인데, 그대의 법은 장차 누구를 조복시키기 위한 것인가?"

대사는 자리에서 일어나지 않고도 종승이 뜻에 떨어졌다는 것을 미리 알았다. 그리하여 곧 바라제에게 말하였다.

言訖潛去至王所。廣說法要及世界苦樂人天善惡等事。王與之往返徵詰無不詣理。王曰。汝今所解其法何在。宗勝曰。如王治化當合其道。王所有道何在。王曰。我所有道將除邪法。汝所有法將伏何人。師不起于座懸知宗勝義墮。遽告波羅提曰。

"종승이 나의 가르침을 받지 않고 혼자서 왕을 교화하려다가 잠깐 사이에 굴복되고 말았다. 그대는 빨리 가서 구원하라."

바라제가 공손히 대사의 분부를 받고 말하였다.

"바라옵건대 신통력을 빌려주십시오."

말을 마치자 발밑에 구름이 생기니 바라제가 이를 타고 이견왕 앞에 이르러 묵연히 서 있었다.

이때 왕이 종승에게 묻고 있었는데 홀연 바라제가 구름을 타고 오는 것을 보자 깜짝 놀라 문답하던 것을 잊고 이렇게 말하였다.

"허공을 타고 온 자가 바른가, 삿된가?"

바라제가 대답하였다.

"저는 사(邪)와 정(正)이 아니니 왔다 하면 정과 사가 있습니다. 만약 왕의 마음이 바르면 저에게도 사와 정이 없습니다."

왕은 비록 깜짝 놀랐으나 교만한 마음이 일어나서 종승을 쫓아내니 바라제가 말하였다.

宗勝不稟吾教。潛化於王須臾即屈。汝可速救。波羅提恭稟師旨云。願假神力。言已雲生足下。至王前默然而住。時王正問宗勝。忽見波羅提乘雲而至愕然忘其問答曰。乘空之者是正是邪。答曰。我非邪正而來正邪。王心若正我無邪正。王雖驚異而驕慢方熾。即擯宗勝令出。波羅提曰。

"왕께서는 이미 도가 있는데 어찌 사문(沙門)[10]을 물리치십니까? 제가 비록 아는 것은 없으나 원컨대 왕께서 물어 주시길 바랍니다."

왕이 성을 내면서 물었다.

"어떤 것이 부처인가?"

바라제가 대답하였다.

"성품을 보면 부처입니다."

"대사는 성품을 보았는가?"

"나는 불성(佛性)을 보았습니다."

"성품이 어디에 있는가?"

"성품은 짓는 곳〔作用〕에 있습니다."

"어떻게 짓는 것이기에 지금 나에게는 보이지 않는 것인가?"

"지금 짓는 것이 드러나 있으나 왕께서 스스로 보지 못할 뿐입니다."

"나에게도 있소, 없소?"

王既有道何擯沙門。我雖無解願王致問。王怒而問曰。何者是佛。答曰。見性是佛。王曰。師見性否。答曰。我見佛性。王曰。性在何處。答曰。性在作用。王曰。是何作用我今不見。答曰。今見作用王自不見。王曰。於我有否。

---

10) 사문(沙門) : 처자 친족을 버리고 출가하여 수도 생활을 하는 이를 총칭한 것이다. 후세에는 비구와 같은 뜻으로 쓰였다.

"왕께서 만약 짓는다면 아닌 곳이 없습니다. 그러나 왕께서 만약 짓지 않으면 본체를 스스로 보기 어렵습니다."

"만약 지을 때에 임한다면 몇 곳에 나타나오?"

"나타날 때에는 여덟 가지가 있습니다."

"그 여덟 가지 나타남을 응당 나에게 말해 주시오."

바라제가 곧 게송으로 대답하였다.

태에 있으면 몸이고
세상에 처하면 사람이라 이름하며
눈에 있으면 본다고 말하고
귀에 있으면 듣는다고 말하며
코에 있으면 향기를 판별하고

答曰。王若作用無有不是。王若不用體自難見。王曰。若當用時幾處出現。答曰。若出現時當有其八。王曰。其八出現當為我說。波羅提即說偈曰。

在胎為身
處世名人
在眼曰見
在耳曰聞
在鼻辨香

입에 있으면 담론하며
손에 있으면 잡아 쥐고
발에 있으면 움직이고 달리네
두루 나타나서는 무수한 세계를 덮고
거두어들이면 한 티끌에 있네
아는 이는 그것을 불성이라 하지만
알지 못하는 이는 정혼(精魂)이라 하네

왕이 게송을 듣고 지혜가 열려 이치를 깨달아〔開悟〕[11] 앞의 허물을 뉘우쳤다. 그리고는 90세에 이르기까지 아침저녁으로 피로한 줄 모르고 법요를 물었다.

在口談論
在手執捉
在足運奔
遍現俱該沙界
收攝在一微塵
識者知是佛性
不識喚作精魂
王聞偈已心即開悟。乃悔謝前非咨詢法要。朝夕忘倦。迄於九旬。

11) 개오(開悟) : 원문의 개오(開悟)는 지혜가 열리고 이치를 깨닫는다는 뜻이다.

이때에 종승이 쫓겨나서 깊은 산속으로 들어가 숨어서 생각하였다.

'내 이제 100살에 80년은 그르쳤고 20년 동안 불도를 닦았다. 비록 성품이 어리석고 둔하지만 행에는 하자가 없었는데 재난을 막지 못했으니 살아도 죽은 것만 못하다.'

이런 생각을 하고는 곧 스스로 벼랑에서 떨어졌는데 홀연히 어떤 신인(神人)이 손으로 받아서 바위 위에 편안하게 놓으니 다친 곳이 없었다.

종승이 말하였다.

"나는 의당 정법의 주인이 되어야 하건만 국왕의 허물을 막지 못하여 사문을 욕되게 하였으므로 내 몸을 벼랑에서 던져 죽으려는 것인데, 어째서 신인께서 이렇게까지 도우십니까?

원하건대 한 말씀 베풀어 주시어 남은 생애를 보전(保全)하게 하여 주십시오."

時宗勝既被斥逐。退藏深山。念曰。我今百歲八十為非。二十年來方歸佛道。性雖愚昧行絕瑕疵。不能禦難生何如死。言訖即自投崖。俄有一神人以手捧承。置於巖石之上安然無損。宗勝曰。我忝沙門當與正法為主。不能抑絕王非。是以捐身自責。何神祐助一至於斯。願垂一語以保餘年。

그러자 신인이 게송을 말하였다.

스님의 나이 백 살에
80년은 그른 일을 했으나
지존(至尊)을 가까이 한 까닭에
차츰 닦아서 도에 들었소
비록 조그마한 지혜가 있었으나
나와 너란 차별이 많으므로
여러 성현들을 보아도
공경하는 생각을 내지 않았소

於是神人乃說偈曰。
師壽於百歲
八十而造非
為近至尊故
熏修而入道
雖具少智慧
而多有彼我
所見諸賢等
未嘗生珍敬

20년의 공덕이 있으나
그 마음이 고요하지 않아
총명함과 교만함 때문에
이 지경에 이르렀소
국왕이 공경하지 않는 것은
이와 같은 일의 과보를 받음이니
지금부터 게을리하지 않으면
오래지 않아 기이한 지혜 이루리
여러 성인들 모두가 마음에 두셨고
여래께서도 그렇게 하셨소

二十年功德
其心未恬靜
聰明輕慢故
而獲至於此
得王不敬者
當感果如是
自今不疎怠
不久成奇智
諸聖悉存心
如來亦復爾

종승이 게송을 듣고 매우 기뻐하면서 바위 사이에 조용히 앉았다.

이때에 이견왕이 다시 바라제에게 물었다.

"그대는 지혜롭고 변재가 있는데 누구를 스승으로 모시고 있습니까?"

바라제가 대답하였다.

"저는 사라사(娑羅寺)에서 출가하여 오사바삼장(烏沙婆三藏)에게 수학하였으나, 출세(出世)의 스승은 대왕의 숙부이신 보리달마 대사입니다."

왕은 대사의 이름을 듣자 깜짝 놀랐다. 왕이 이윽고 입을 열었다.

"못난 내가 외람되게 왕위에 올라 바른 길을 버리고 삿된 길에 들어 나의 존경하는 숙부를 잊을 뻔하였소."

그리하여 가까운 신하에게 명하여 특별히 청해 오도록 하였다. 대사는 사신을 따라와서 도착하여 왕을 위해서 이전의 잘못을 참회하게 하였다.

宗勝聞偈欣然。即於巖間宴坐。時異見王復問波羅提曰。仁者智辯當師何人。答曰。我所出家。即娑羅寺烏沙婆三藏為授業師。其出世師者即大王叔菩提達磨是也。王聞師名驚駭久之。曰。鄙薄忝嗣王位。而趣邪背正忘我尊叔。遽勅近臣特加迎請。師即隨使而至。為王懺悔往非。

왕이 훈계하는 말을 듣고 울면서 대사에게 사죄하고, 또 종승을 본국으로 돌아오라고 명령하니 대신이 아뢰었다.

"종승은 꾸지람을 받고서 벼랑에 떨어졌으니 지금은 죽었을 것입니다."

왕이 대사에게 말하였다.

"종승이 죽은 것은 모두가 내 잘못이니 대자비를 베푸시어 이 죄를 면하게 해 주십시오."

대사가 말하였다.

"종승은 지금 바위틈에 조용히 앉아 있으니 사람을 보내어 부르기만 하면 곧 올 것입니다."

왕이 곧 사신을 보내어 산 깊숙이 들어가니, 과연 종승이 단정히 앉아 선정에 든 것이 보였다. 종승은 왕의 부름을 받고 말하였다.

"대왕의 뜻을 어기는 것이 죄스러우나 빈도(貧道)는 바위틈과 샘곁에 살기로 하였습니다. 또 왕의 나라에는 어진 대덕이 숲같이 많고, 달마 대사는 왕의 숙부이자 여섯 무리의 스승이십니다.

王聞規誡泣謝於師。又詔宗勝歸國。大臣奏曰。宗勝被譴投崖。今已亡矣。王告師曰。宗勝之死皆自於吾。如何大慈令免斯罪。師曰。宗勝今在巖間宴息。但遣使召當即至矣。王即遣使入山果見宗勝端居禪寂。宗勝蒙召乃曰。深愧王意。貧道誓處巖泉。且王國賢德如林。達磨是王之叔。六衆所師。

그리고 바라제는 불법 안에서 으뜸이니, 왕께서는 이 두 성인을 추앙하여 황제의 나라를 복되게 하시기를 바랍니다."

사자(使者)는 오지 않겠다는 종승의 뜻을 왕에게 전하였다. 이에 대사가 왕에게 말하였다.

"종승을 오게 하는 법을 아십니까?"

왕이 대답하였다.

"모릅니다."

대사가 말하였다.

"한 번 청해서 오지 않으니 재차 청하면 반드시 올 것입니다."

조금 있다가 사자가 돌아왔는데 과연 대사의 말과 같았다. 대사는 마침내 왕을 하직하면서 말하였다.

"응당 덕을 잘 닦으십시오. 오래지 않아 병환이 날 것입니다. 저는 떠납니다."

7일이 지나 왕이 병이 났는데 국의(國醫)가 아무리 치료해도 병은 더할 뿐 낫지 않았다.

波羅提法中龍象。願王崇仰二聖以福皇基。使者復命未至。師謂王曰。知取得宗勝否。王曰。未知。師曰。一請未至。再命必來。良久使還果如師語。師遂辭王曰。當善修德不久疾作。吾且去矣。經七日王乃得疾。國醫診治有加無瘳。

친척과 대신들은 전날 대사의 예언을 기억하고, 곧 사자를 대사에게 보내어 말하였다.

"왕의 병환이 자못 위급하니 바라건대 숙부께서 자비를 베푸시어 멀리 오셔서 구원해 주십시오."

대사는 곧 왕의 처소에 이르러 병환을 위로하였다.

이때에 종승이 두 번째 왕명을 받고 곧 바위틈을 떠나와 있었고, 바라제도 오랫동안 국왕의 은혜를 입었으므로 왕의 병환을 위문하러 와 있었다.

바라제가 말하였다.

"무엇을 어찌하여야 왕이 고통을 면하게 되겠습니까?"

대사는 곧 태자로 하여금 왕이 되게 하고 죄인들을 놓아주어 은혜를 베풀고 승보를 숭앙하게 하였다. 또 왕에게 '죄가 소멸하여지이다' 하면서 참회하도록 하였는데, 이렇게 세 차례 거듭하자 왕의 병세가 호전되었다.

貴戚近臣憶師前記。急發使告師曰。王疾殆至彌留。願叔慈悲遠來診救。師即至王所慰問其疾。時宗勝再承王召。即別巖間。波羅提久受王恩亦來問疾。波羅提曰。當何施為令王免苦。師即令太子為王宥罪施恩崇奉僧寶。復為王懺悔云。願罪消滅。如是者三。王疾有間。

대사는 진단(震旦)에 인연이 성숙되어 교화할 때가 되었다고 생각하여 먼저 조사의 탑에 하직하고, 이어서 동학(同學)과 작별하였다. 그리고는 왕에게 가서 위로하고 격려하면서 말하였다.

"선업〔白業〕을 부지런히 닦고 삼보를 잘 보호하시오. 내가 가더라도 오래 있지는 않을 것이니 19년이면 돌아옵니다."

왕이 이 말을 듣고 눈물을 흘리면서 말하였다.

"이 나라는 무슨 죄가 있으며 그 나라에는 무슨 복이 있소. 숙부께서 이미 인연이 있으시다니 내가 말릴 수는 없으나, 오직 원하건대 부모의 나라를 잊지 마시고 일을 마치거든 곧 돌아와 주시오."

왕은 곧 큰 배를 마련하여 많은 보배를 싣게 하고는 몸소 신하들을 인솔하여 바닷가에 나가 전송하였다.

대사가 바다에 떠서 3년을 지나 남해(南海)에 다다르니, 이는 양(梁)의 보통(普通) 8년 정미년 9월 21일이었다.

師心念。震旦緣熟行化時至。乃先辭祖塔。次別同學。然至王所慰而勉之曰。當勤修白業護持三寶。吾去非晚一九即迴。王聞師言涕淚交集。曰此國何罪彼土何祥。叔既有緣非吾所止。唯願不忘父母之國。事畢早迴。王即具大舟實以眾寶。躬率臣寮送至海壖。師汎重溟凡三周寒暑達於南海。實梁普通八年丁未歲九月二十一日也。

광주자사(廣州刺史) 소앙이 주인의 예를 갖추어 영접하고 무제(武帝)에게 보고를 올렸다.

무제는 보고를 받고 사자에게 조서(詔書)를 주어 맞아들이니, 대사는 10월 1일에 금릉(金陵)에 이르렀다.[12)]

廣州刺史蕭昂具主禮迎接。表聞武帝。帝覽奏遣使齎詔迎請。十月一日至金陵(嵩禪師以梁僧寶唱續法記為據作正宗記言。達磨以梁武普通元年庚子歲至此土。其年乃後魏明帝正光元年也。若如此則與後入滅啟壙等年皆相合。若據此稱。普通八年丁未歲九月二十一日至南海。十月一日至金陵則甚誤也。蓋普通八年三月已改為大通元年。則九月不應尚稱普通八年也。南海者今廣州也。去金陵數千里。刺史奏聞而武帝詔迎。豈可十日之間便至金陵耶。又按南史蕭昂本傳。不言昂為廣州刺史。但王茂傳末有廣州長史蕭昂。然不知何年在任。今止可云達於南海實梁普通元年。廣州刺史具主禮迎接。表聞武帝。帝覽奏遣使齎詔迎請。十月一日至金陵)。

12) 숭선사는 양나라 스님 보창의 『속법기』를 근거로 삼아 『정종기』를 지으면서 말하기를 "달마 대사는 양나라 무제 보통 원년 경자년에 이 땅에 들어왔다. 그 해는 후위 효명제 정광 원년이다."라고 하였다. 만약 이 기록과 같다면 나중에 입멸하고 무덤을 열어본 일 등의 년도와 서로 맞는다. 만약 여기서 말한 근거로 보자면 보통 8년 정미 9월 21일에 남해에 이르렀고, 10월 1일에 금릉에 이르렀다고 하는 것은 매우 잘못된 것이다. 왜냐하면 보통 8년 3월에 이미 연호를 대통 원년으로 고쳤으니, 응당 9월을 보통 8년이라고 말해서는 안 된다. 남해는 지금의 광주이다. 금릉과의 거리가 수천 리나 된다. 자사가 양무제에게 상소를 올리고 무제가 모셔오라 한 것이 어찌 10일 사이에 금릉에 이르는 것이 어찌 가능하겠는가. 또한 『남사』「소앙본전」에 의하면 소앙이 광주 자사였다는 말이 없고, 다만 『왕무전』의 말미에 광주장사 소앙이 기록되어 있을 뿐이다. 그러나 어느 해에 광주자사로 있었는지 알 수 없다. 지금은 다만 '달마대사가 남해에 도착한 것이 실로 양나라 보통 원년이고, 광주자사가 주인의 예를 갖추어 영접하고, 무제(武帝)에게 보고를 올렸다. 무제는 보고를 받고, 사자에게 조서를 주어 맞아들이니, 10월 1일에 금릉에 이르렀다.'라고 할 수밖에 없다. (원주)

무제가 대사에게 물었다.

“짐이 왕위에 오른 이래 절을 짓고 경을 쓰고 스님을 양성한 것이 셀 수 없는데 어떤 공덕이 있소?”

대사가 말하였다.

“아무 공덕도 없습니다.”

“어찌하여 공덕이 없소?”

“이는 다만 인간과 하늘의 작은 결과를 받게 되는 유루(有漏)[13]의 원인일 뿐이니, 마치 그림자가 형상을 따르는 것 같아서 있는 듯하나 실제가 아닙니다.”

무제가 물었다.

“어떤 것이 진실한 공덕이오?”

대사가 말하였다.

“청정한 지혜는 묘하고 원만하여 본체가 원래 비고 고요하니, 이러한 공덕은 세상의 법으로는 구하지 못합니다.”

帝問曰。朕即位已來。造寺寫經度僧不可勝紀。有何功德。師曰。並無功德。帝曰。何以無功德。師曰。此但人天小果有漏之因。如影隨形雖有非實。帝曰。如何是真功德。答曰。淨智妙圓體自空寂。如是功德不以世求。

13) 유루(有漏) : 온갖 번뇌와 망상을 일으키는 마음작용으로 다함이 있는 것.

무제가 다시 물었다.

"어떤 것이 성제(聖諦)[14]의 제일가는 이치요?"

대사가 말하였다.

"이러-히 가없어 성인이라 할 것도 없습니다."

"짐을 대하고 있는 이는 누구요?"

"모르오."

무제가 깨닫지 못하니, 대사는 근기가 계합할 수 없다는 것을 알았다.

그달 19일에 몰래 강북(江北)으로 돌아와서 11월 23일에 낙양에 이르니, 이는 후위(後魏)의 효명제(孝明帝) 태화(太和) 10년이었다[15].

帝又問。如何是聖諦第一義。師曰。廓然無聖。帝曰。對朕者誰。師曰。不識。帝不領悟。師知機不契。是月十九日潛迴[16](廣燈迴作過字)江北。十一月二十三日屆於洛陽當後魏孝明太和十年也(當云後魏孝明正光元年也。若據太和十年乃後魏文帝時是年即南齊武帝永明四年丙寅歲也)。

---

14) 성제(聖諦) : 성인의 진실불허한 말씀.

15) 응당 후위 효명제 정광 원년이라고 해야 옳다. 만일 태화 10년이 후위의 효문제 때라면, 이 해는 바로 남제 무제 영명 4년 병인년이어야 한다. (원주)

16) 『광등록』에서는 회(迴)를 과(過)로 기록하였다. (원주)

숭산(嵩山)의 소림사(少林寺)에 머물러 벽을 향해 해가 지도록 잠자코 앉아 있으니, 사람들은 이유를 추측할 수 없어서 대사를 일러 벽을 보는 바라문이라 하였다.

이때에 신광(神光)이라는 활달한 승려가 있었다. 그는 오랫동안 낙양에 살면서 여러 서적을 많이 읽고 현묘한 이치를 잘 이야기하였는데, 늘 이렇게 탄식하며 말하였다.

"공자와 노자의 교리는 예절〔禮〕, 술수〔術〕, 풍류〔風〕, 법규〔規〕뿐이요, 장자와 주역의 글은 묘한 진리를 다하지 못했다. 요사이 듣건대 달마 대사가 소림에 계시는데 찾아가는 사람을 맞이하지 않고 현묘한 경지에 있다고 했다."

그리하여 달마 대사에게 가서 조석으로 섬기고 물었으나, 대사는 항상 단정히 앉아서 벽만 바라볼 뿐이니 아무런 가르침도 듣지 못하였다.

寓止于嵩山少林寺。面壁而坐終日默然。人莫之測。謂之壁觀婆羅門。時有僧神光者。曠達之士也。久居伊洛。博覽群書善談玄理。每歎曰。孔老之教禮術風規。莊易之書未盡妙理。近聞。達磨大士住止少林。至人不遙。當造玄境。乃往彼晨夕參承。師常端坐面牆。莫聞誨勵。

신광은 스스로 생각하기를 '옛사람이 도를 구할 때에는 뼈를 깨뜨려서 골수를 빼내고 피를 뽑아서 주린 이를 구제하며 머리를 진땅에 펴고 벼랑에서 떨어져 호랑이를 먹였다. 옛사람은 또한 이러하였거늘 나는 또 어떤 사람인가?'라고 하였다.

그 해 12월 9일 밤에 큰 눈이 왔는데 신광이 꼼짝도 않고 서 있으니, 새벽녘에는 눈이 무릎 너머까지 쌓였다.

대사가 불쌍히 여겨서 물었다.

"네가 눈 속에 오래 서 있는데 무슨 일을 구하는가?"

신광이 슬피 울면서 말하였다.

"오직 바라옵건대 화상께서 자비로써 감로의 문을 여시어 여러 중생들을 널리 제도해 주십시오."

대사가 말하였다.

光自惟曰。昔人求道敲骨取髓刺血濟饑。布髮掩泥投崖飼虎。古尚若此。我又何人。其年十二月九日夜天大雨雪。光堅立不動。遲明積雪過膝。師憫而問曰。汝久立雪中。當求何事。光悲淚曰。惟願和尚慈悲。開甘露門廣度群品。師曰。

"모든 부처님들의 위없는 묘한 도는 여러 겁을 부지런히 정진하여 행하기 어려운 일을 행하고 참기 어려운 일을 참아야 하거늘, 어찌 작은 공덕과 작은 지혜와 가볍고 교만한 마음으로 참다운 법을 바라는가? 헛수고를 할 뿐이다."

신광이 대사의 가르침을 듣고 슬며시 예리한 칼을 뽑아 왼쪽 팔을 스스로 끊어서 대사 앞에 놓으니, 대사는 그가 법기임을 알고 말하였다.

"모든 부처님들께서 최초에 도를 구하실 때는 법을 위해 몸을 잊으셨다. 네가 지금 내 앞에서 팔을 끊으니 또한 가히 묻고 구할 만하구나."

마침내 대사가 이로 인하여 혜가(慧可)라고 이름을 고쳐주니, 신광이 말하였다.

"모든 부처님의 법인(法印)[17]을 가히 들을 수 있겠습니까?"

諸佛無上妙道。曠劫精勤。難行能行非忍而忍。豈以小德小智輕心慢心。欲冀真乘徒勞勤苦。光聞師誨勵。潛取利刀自斷左臂。置于師前。師知是法器。乃曰。諸佛最初求道為法忘形。汝今斷臂吾前。求亦可在。師遂因與易名曰慧可。光曰。諸佛法印可得聞乎。

17) 법인(法印) : 제불과 조사들이 상호 인가하여 마음으로 전하는 법.

대사가 말하였다.

"모든 부처님의 법인은 남에게 얻는 것이 아니니라."

"제 마음이 편안치 못하니 대사께서 편안하게 해주십시오."

"마음을 가지고 오너라. 편안하게 해주리라."

"마음을 찾아도 끝내 얻을 수 없습니다."

"내가 이미 네 마음을 편안하게 했느니라."

뒤에 효명제가 대사의 기이한 행적을 듣고 사자와 조서를 보내어 부르기를 세 차례나 하였지만 대사는 소림을 떠나지 않았다.

황제가 더욱 흠모하면서 마납가사 세 벌과 금발우, 은물병, 비단 등을 하사했으나 대사는 굳이 사양하면서 세 번이나 돌려보냈다. 황제의 뜻이 더욱 견고하자 대사는 그제야 비로소 받았다.

그로부터 승속(僧俗)이 배나 더 믿고 귀의하였는데, 9년이 되니 대사는 서쪽의 천축으로 돌아갈 생각을 내고 문인(門人)들에게 말하였다.

師曰。諸佛法印匪從人得。光曰。我心未寧。乞師與安。師曰。將心來與汝安。曰覓心了不可得。師曰。我與汝安心竟。後孝明帝聞師異跡。遣使齎詔徵前後三至。師不下少林。帝彌加欽尚。就賜摩衲袈裟三[18]領。金鉢銀水缾繒帛等。師牢讓三返。帝意彌堅。師乃受之。自爾緇白之衆倍加信向。迄九年已欲西返天竺。乃命門人曰。

18) 三이 송, 원, 명, 청나라본에는 二로 되어 있다.

"때가 되었다. 너희들은 각자 얻은 바를 말해 봐라."

이때에 문인인 도부(道副)가 대답하였다.

"제가 보기에는 문자에 집착하지도 않고 문자를 여의지도 않음으로써 도의 작용을 삼는 것입니다."

대사가 말하였다.

"너는 나의 가죽을 얻었다."

총지(總持) 비구니가 말하였다.

"제가 알기에는 아난이 아촉불국(阿閦佛國)[19]을 보았을 때에 온통으로 보아서 다시 보지 않는 것과 같습니다."

대사가 말하였다.

"너는 나의 살을 얻었다."

도육(道育)이 말하였다.

時將至矣。汝等蓋各言所得乎。時門人道副對曰。如我所見。不執文字不離文字而為道用。師曰。汝得吾皮。尼總持曰。我今所解如慶喜見阿閦佛國。一見更不再見。師曰。汝得吾肉。道育曰。

---

19) 아촉불국(阿閦佛國) : 아촉불이 계신 곳으로 아촉불은 동함이 없고 분노가 없는 부처님이다.

"사대(四大)가 본래 공하고 오온이 있지 않으니, 제가 보는 바로는 한 법도 얻은 것이 없습니다."

대사가 말하였다.

"너는 나의 뼈를 얻었다."

마지막에 혜가가 절을 하고 제자리에 서 있으니, 대사가 말하였다.

"너는 나의 골수를 얻었다."

그리고는 다시 혜가를 돌아보면서 말하였다.

"옛날에 여래께서 정법안장을 가섭 대사에게 전하셨는데 차례차례 부촉하여 나에게까지 이르렀다. 내가 이제 그대에게 전하니, 그대는 잘 보호해서 지녀라. 그리고 그대에게 가사를 주어 법의 신표로 삼으니 제각기 표하는 바가 있음을 알라."

혜가가 말하였다.

"자세히 설명해 주십시오."

대사가 말하였다.

四大本空五陰非有。而我見處無一法可得。師曰。汝得吾骨。最後慧可禮拜後依位而立。師曰。汝得吾髓。乃顧慧可而告之曰。昔如來以正法眼付迦葉大士。展轉囑累而至於我。我今付汝。汝當護持。并授汝袈裟以為法信。各有所表宜可知矣。可曰。請師指陳。師曰。

"안으로는 법을 전해서 마음을 깨쳤음을 증명하고, 겉으로는 가사를 전해서 종지(宗旨)를 확정한 것이다. 후세 사람들이 얄팍하여 갖가지 의심을 일으키면서 내가 인도 사람이고 그대는 이곳 사람이니 무엇으로써 법을 증득했다는 것을 증명할 것이냐고 할 것이다.

그러니 그대가 지금 법(法)과 이 옷을 받아 두었다가 뒤에 환란이 생기거든, 다만 이 옷과 나의 전법게를 내놓아서 증명을 삼으면 교화하는 일에 지장이 없으리라. 내가 열반에 든 지 2백 년 뒤에 옷은 전하지 않아도 법이 항하사(恒河沙)[20] 세계에 두루 하리라.

도를 밝힌 이는 많아도 도를 행하는 이는 적으며, 진리를 말할 수 있는 이는 많으나 진리를 통달한 이는 적으리라. 진리에 부합해서 비밀히 증득할 이가 천만이 넘으리니, 그대는 잘 드날리어 깨닫지 못한 이를 가벼이 여기지 말라. 한 생각 돌이키면 본래 깨달은 것과 같으니라. 나의 게송을 들어라."

內傳法印以契證心。外付袈裟以定宗旨。後代澆薄疑慮競生。云吾西天之人。言汝此方之子。憑何得法以何證之。汝今受此衣法。却後難生但出此衣并吾法偈。用以表明其化無礙。至吾滅後二百年。衣止不傳法周沙界。明道者多。行道者少。說理者多。通理者少。潛符密證千萬有餘。汝當闡揚勿輕未悟。一念迴機便同本得。聽吾偈曰。

20) 항하사(恒河沙) : 항하의 모래라는 뜻으로 무수무량의 대수를 나타내는 말.

내가 본래 이 땅에 온 것은
법을 전해 중생을 구함일세
한 송이에 다섯 꽃잎 피리니
열매 맺음 자연히 이뤄지리

대사가 다시 말하였다.
"나에게 능가경 네 권이 있는데 그것도 그대에게 전한다.[21]

吾本來此土
傳法救迷情
一花開五葉
結果自然成

師又曰。吾有楞伽經四卷。亦用付汝(此蓋依寶林傳之說也。按宣律師續高僧傳。可大師傳云。初達磨以楞伽經授可曰。我觀漢地唯有此經。仁者依行自得度世。若如傳所言。則是二祖未得法時。達磨授楞伽使觀之耳。今傳燈乃於付法傳衣之後言。師又曰。吾有楞伽經四卷。亦用付汝。則恐誤也。兼言吾有。則似世間未有也。此但可依馬祖所言云。又引楞伽經文。以印衆生心地。則於理無害耳)。

---

21) 이것은 모두『보림전』을 의지하여 말한 것이다. 도선율사『속고승전』「가대사전」에 "처음에 달마 대사가 능가경을 혜가 대사에게 주면서 말하기를 '내가 한나라 땅을 관해 보니 오직 이 경전만 있다. 그대가 의지해 행하면 스스로 세상을 제도하리라.'라고 하였다." 하였으니, 만약「가대사전」의 말과 같다면 2조가 아직 법을 얻기 전에 달마 대사가 능가경을 주어서 보게 한 것이 된다. 지금『전등록』에서는 법을 부촉하고 옷을 전한 후에 말하기를 '대사가 다시 말하였다. "나에게 능가경 네 권이 있는데 그것도 그대에게 부촉하노라."'라고 되어 있는데 잘못된 것일 수도 있다. 겸하여 말하노니 '나에게 능가경이 있다.'라고 말하면 세간에는 있지 않았던 것처럼 된다. 여기에서는 다만 마조의 말에 의거하였고 또한 능가경의 '중생의 마음바탕을 인증한다.'라는 말을 인용한다면 이치에 방해가 되지 않는다. (원주)

이는 곧 여래께서 마음바탕을 가르치신 요긴한 법문으로서 모든 중생들이 깨달음에 들도록 열어 보이신 것이다.

내가 여기에 온 뒤에 다섯 차례 독(毒)을 맞았는데, 내가 항상 스스로 꺼내서 시험해 보니 돌에 놓으면 돌이 갈라졌었다.

내가 본래 남인도를 떠나서 여기 동토에 왔을 때에 적현(赤縣) 신주(神州)에 대승의 기상이 있음을 보고는 바다를 건너고 사막을 지나서 법 전해 줄 사람을 구했다. 그러나 매양 만날 때마다 마치 어리석은 이 같고 말더듬이 같아 서로 뜻이 맞지 않았는데, 이제 그대를 만나서 전해 주었으니 나의 뜻을 이루었다."[22]

即是如來心地要門。令諸衆生開示悟入。吾自到此凡五度中毒。我常自出而試之。置石石裂。緣吾本離南印來此東土。見赤縣神州有大乘氣象。遂踰海越漠為法求人。際會未諧如愚若訥。今得汝傳授吾意已終(別記云。師初居少林寺九年。為二祖說法秖教曰外息諸緣內心無喘。心如牆壁可以入道。慧可種種說心性理。道未契。師秖遮其非不為說無念心體。慧可曰。我已息諸緣。師曰。莫不成斷滅去否。可曰。不成斷滅。師曰。何以驗之云不斷滅。可曰。了了常知故。言之不可及。師曰。此是諸佛所傳心體。更勿疑也)。

22) 다른 기록에 말하기를 「달마 대사가 처음 소림에 있은 지 9년에 2조에게 "밖으로 모든 인연을 쉬고 안으로 헐떡이는 마음이 없고 마음이 벽 같아야 도에 들 수 있다."라고 설법을 하였다. 혜가가 갖가지로 마음 성품 이치를 말했으나 모두 계합하지 못했다. 대사는 다만 그의 잘못만을 지적할 뿐 무념의 본체는 일러주지 않으니 혜가가 "저는 이미 모든 인연을 쉬었습니다."라고 말하였다. 대사가 "단멸이 되지 않았는가?" 하고 물으니 혜가가 "단멸이 되지는 않았습니다."라고 대답하였다. 대사가 "어찌하여 단멸이 아닌 줄 아는가?" 하고 다시 물으니 혜가가 "요요하게 항상 알기 때문에 말로는 미치지 못합니다."라고 대답하였다. 대사가 "이것이 여러 부처님들께서 전하신 심인이니 다시는 의심치 말라."했다」라고 전한다. (원주)

말을 마치고는 무리들을 거느리고 우문(禹門)의 천성사(千聖寺)로 가서 사흘을 묵었다. 조금 있으니 그 고을 태수 양현지(楊衒之)가 일찍부터 불법을 사모해 왔다고 하면서 대사에게 물었다.

"서천의 5인도(印度)에서는 스승의 법을 전해 받으면 조사라 한다는데 그 도가 어떠합니까?"

대사가 말하였다.

"부처의 마음 근원을 밝혀 행과 지혜가 서로 응하는 것을 이름하여 조사라 하오."

또 물었다.

"그밖에는 어떠합니까?"

대사가 말하였다.

"모름지기 다른 이의 마음을 밝혀 주고 그 고금을 알며, 있음도 없음도 싫어하지 않고 법에 집착이 없으며, 현명하지도 어리석지도 않고 미혹도 깨달음도 없으니 이렇게 아는 이를 조사라 하오."

言已乃與徒眾往禹門千聖寺止三日。有期城太守楊衒之早慕佛乘。問師曰。西天五印師承為祖。其道如何。師曰。明佛心宗行解相應。名之曰祖。又問。此外如何。師曰。須明他心知其今古。不厭有無於法無取。不賢不愚無迷無悟。若能是解故稱為祖。

또 물었다.

“제자가 삼보에 마음을 귀의한 지도 몇 해가 되었건만 지혜가 어두워 아직도 진리를 모르고 있었는데, 이제 스님의 말씀을 듣고 어찌 할 바를 모르겠습니다. 바라옵건대 스님께서 자비로써 종지(宗旨)[23]를 열어 보여 주십시오.”

대사가 간절한 마음을 알고, 곧 게송을 말하였다.

또한 악을 보고 싫다할 것도 없고
또한 선을 보고 부지런히 베풀어 펼 것도 없으며
또한 지혜를 버리고 어리석음을 가까이 할 것도 없고
또한 미혹을 버리고 깨달음을 따를 것도 없다

又曰。弟子歸心三寶亦有年矣。而智慧昏蒙尚迷真理。適聽師言罔知收措。願師慈悲開示宗旨。師知懇到。即說偈曰。

亦不覩惡而生嫌
亦不觀善而勤措
亦不捨智而近愚
亦不拋迷而就悟

23) 종지(宗旨) : 종문(宗門)의 교의(教義)의 취지.

대도를 통달하여 한량함을 넘고
부처의 마음을 통달하여 한도를 벗어나
범부와 성인과 동일한 궤도라 할 것도 없어
초연한 것을 이름하여 조사라 한다

양현지가 게송을 듣고 슬픔과 기쁨이 뒤섞여 말하였다.

"바라옵건대 대사께서 세간에 오래 머무시어 많은 유정들을 교화해 주십시오."

대사가 말하였다.

"나는 가야 한다. 오래 머무를 수 없다. 근기와 성품이 만 가지 차이가 있으므로 많은 환란을 만날 것이다."

達大道兮過量
通佛心兮出度
不與凡聖同躔
超然名之曰祖

衒之聞偈悲喜交并曰。願師久住世間化導群有。師曰。吾即逝矣不可久留。根性萬差多逢患難。

양현지가 말하였다.

“누구입니까? 제가 스님을 위해서 제거해 드리겠습니다.”

대사가 말하였다.

“나는 부처님의 비밀을 전해서 어리석은 무리를 이롭게 할 뿐인데, 남을 해쳐서 내가 편해지는 것은 이치에 맞지 않는다.”

“만일 대사께서 말씀하시지 않으면 어찌 스님의 신통변화와 관조하는 힘을 표하겠습니까?”

대사는 부득이 예언을 말하였다.

강의 돛대가 옥 같은 물결을 가르고
통 속에 횃불을 비추고 금고리를 연다
五자와 口자를 서로 같이 행하는 이가
九자와 十자에 너와 내가 없다

衒之曰。未審何人。弟子為師除得。師曰。吾以傳佛祕密利益迷途。害彼自安必無此理。衒之曰。師若不言。何表通變觀照之力。師不獲已乃為讖曰。

江槎分玉浪
管炬開金鎖
五口相共行
九十無彼我

양현지가 이 말을 듣고 그 까닭을 몰라 하면서도 잠자코 속으로만 기억한 채 물러갔다. 비록 당시에는 대사의 예언을 헤아리지 못하였으나 뒤에는 모두가 맞았다.

그때에 위씨(魏氏)가 불법을 받들어서 선(禪)을 하는 스님들이 숲같이 많았는데, 율사인 광통(光統)과 삼장(三藏)인 보리류지(菩提流支)는 승려 가운데 가장 뛰어난 이들이었다.

그들은 대사가 도를 설할 때에 상을 배척하고 곧바로 마음을 지적하는 것을 보고, 늘 대사와 토론을 벌이고 시비를 일으켰다.

대사가 현묘한 종풍을 멀리 떨치고 법의 단비를 두루 뿌리자, 그들의 치우치고 옹색한 마음으로는 감당할 수 없음을 알고서 앞다투어 해치려는 마음을 일으켜 자주 음식에 독약을 넣었다.

衒之聞語。莫究其端。默記於懷禮辭而去。師之所讖。雖當時不測。而後皆符驗。時魏氏奉釋禪儁如林。光統律師流支三藏者乃僧中之鸞鳳也。覩師演道斥相指心。每與師論議是非鋒起。師遐振玄風普施法雨而偏局之量自不堪任。競起害心數加毒藥。

여섯 차례에 이르러서는 교화할 인연도 다하였고 법을 전할 사람도 만났으므로 독약을 그대로 받아들이고 단정히 앉아서 열반하니, 이는 곧 후위의 효명제 태화 19년 병진년 10월 5일이었다.[24)]

그해 12월 28일 웅이산(熊耳山)에 장사지내고 정림사(定林寺)에 탑을 세웠다.

至第六度。以化緣已畢傳法得人。遂不復救之端居而逝。即後魏孝明帝太和十九年丙辰歲十月五日也(依續法記。則十月五日乃孝莊帝永安元年。即梁大通二年戊申歲。其年即明帝武泰元年也。二月明帝崩。四月莊帝即位。改元建義。至九月又改永安也。後云。汝主已厭世。謂是歲明帝崩也。據傳燈云。丙辰歲即東魏文帝大統二年。西魏靜帝天平三年。梁大同二年。與厭世之說全乖也。又太和十九年。乃後魏文帝時。即南齊明帝建武二年乙亥歲。殊相遼邈耳)。其年十二月二十八日葬熊耳山。起塔於定林寺。

---

24) 『속법기』에 의하면 10월 5일은 곧 효의 장제 영안 원년이다. 즉 양의 대통 2년 무신의 해이다. 그 해는 곧 명제 무태 원년이다. 2월에 명제는 붕어하고 4월에 장제가 즉위하여 건의로 연호를 고쳤다. 9월에 이르러 또 영안으로 고쳤다. 뒤에 말하기를 "그대의 임금이 세상을 떠났다."라고 하였다. 이 해에 명제가 붕어하였다고 말한 것이다. 『전등록』에 말한 병진년은 곧 동위 문제의 대통 2년, 서위 정제의 천평 3년, 양의 대동 2년으로서, 이때 세상을 버렸다고 하는 말은 전혀 맞지 않는다. 또 태화 19년은 곧 후위의 문제 때이니, 곧 남제의 명제 건무 2년 을해년이다. 서로 차이가 너무 크다. (원주)

그 뒤 3년 후에 위나라의 송운이라는 이가 서역에 사신으로 갔다가 오는 길에 총령(葱嶺)에서 대사를 만났는데, 손에 신 한 짝을 들고 훌훌히 혼자 가는 것을 보았다.

송운이 물었다.

"대사님 어디를 가십니까?"

대사가 말하였다.

"서천으로 가오."

또 말하였다.

"그대의 군주가 이미 세상을 떠났소."

송운이 이 말을 듣고 망연해졌다. 대사를 작별하고 동쪽으로 가서 복명하려고 하는데, 과연 명제(明帝)는 이미 승하하였고 효장제(孝莊帝)가 즉위하였다.

송운이 위의 사실을 자세히 아뢰자 황제가 대사의 무덤〔壙〕을 열어 보게 하였다.

後三歲魏宋雲奉使西域迴。遇師於葱嶺。見手携隻履翩翩獨逝。雲問。師何往。師曰。西天去。又謂雲曰。汝主已厭世。雲聞之茫然。別師東邁。暨復命。即明帝已登遐矣。而孝莊即位。雲具奏其事。帝令啟壙。

그랬더니 빈 관 속에는 오직 신 한 짝만이 남아 있었다.[25]

온 조정이 몹시 놀라고 감탄하며 황제의 명에 따라 남은 신을 가져다 소림사에서 공양하였다.

惟空棺一隻革履存焉(若依續法記。則後三載乃莊帝永安三年庚戌歲。當梁武中大通二年也。其年十二月莊帝方崩。奉使迴時帝尚在耳。若據傳燈。則後三歲乃己未歲。即西魏文帝大統五年。東魏靜帝興和元年。當梁武大同五年也。如此則豈復有孝莊帝耶。又稱宋雲遇師於葱嶺。尤誤也。宋雲使西域迴時。已在魏明帝正光年中矣。然則遇師於葱嶺者。蓋是魏末別遣使往西域迴耳。但當云。後三歲魏使有自西域迴者。遇師於葱嶺。見手携隻履翩翩獨逝。問師何往。曰西天去。又謂使曰。汝主已厭世。使聞之茫然別師東邁。暨復命即明帝已登遐矣。而孝莊即位。奉使具奏其事。帝令啟壙。唯空棺一隻革履存焉)。擧朝為之驚歎奉詔取遺履。於少林寺供養。

25) 만약 『속법기』에 의한다면, 그 후 3년이라면 장제 영안 3년 경술년이다. 응당 양무제 때의 대통 2년이다. 그 해 12월에 장제가 붕어하였다. 사신이 돌아올 때 황제가 아직 살아 있어야 한다. 만약 『전등록』에 의거한다면 그 후 3년은 기미년이다. 즉 서위 문제 대통 5년이요, 동위 정제 흥화 원년이며, 응당 양무제 대동 5년이다. 이와 같다면 어찌 효장제가 또 있을 수 있겠는가. 또 말하기를 송운이 대사를 총령에서 만났다 한 것은 더욱 틀린 것이다. 송운이 서역에 사신으로 갔다가 돌아올 때는 벌써 위의 명제 정광 때였다. 그렇다면 대사를 총령에서 만난 것은 아마 위나라의 말엽에 따로 서역에 보냈던 사신이 돌아올 때일 것이다. 응당 이렇게 말해야 한다. "그 뒤로 3년 만에 위의 사신이 서역에서 돌아오다가 총령에서 대사를 만났는데, 손에는 신 한 짝을 들고 훌훌히 혼자 가고 있었다. 대사께 '어디를 가십니까?'라고 물으니 '서천으로 간다.'라고 답하고 또 사신에게 말하기를 '그대의 군주가 이미 세상을 떠났소.' 사신이 이 말을 듣고 망연해졌다. 대사를 작별하고 동쪽으로 가서 복명을 하니 명제는 이미 승하하고, 효장제(孝莊帝)가 즉위하였다. 사신이 그 일을 자세히 보고하므로 황제가 광(壙)을 열어 보게 하니, 빈 관 속에 신 한 짝만이 남아 있었다." (원주)

당의 개원(開元) 15년 정묘년에 도를 믿는 이들을 위하여 오대산 화엄사에 은밀히 모셨다고 하는데 지금은 어디에 있는지 모른다.

처음에 양무제가 대사를 만났을 때에는 인연이 맞지 않더니, 그가 위(魏)에서 교화를 편다는 말을 듣고는 몸소 대사의 비(碑)를 세우려 하였으나 겨를이 없었다가 나중에 송운의 일을 듣고서야 세웠다.

대종(代宗)[26]이 원각 대사(圓覺大師)라는 시호(諡號)[27]를 내리고 탑은 공관(空觀)이라 불렀다.

대사가 위의 병진 년에 입적한 이래로 송(宋)의 경덕(景德) 원년 갑진년까지는 467년이 된다.[28]

至唐開元十五年丁卯歲。為信道者竊在五臺華嚴寺。今不知所在。初梁武遇師因緣未契。及聞化行魏邦。遂欲自撰師碑而未暇也。後聞宋雲事乃成之。代宗諡圓覺大師。塔曰空觀。師自魏丙辰歲告寂。迄皇宋景德元年甲辰。得四百六十七年矣(當云自魏至庚子歲告寂。迄皇宋景德元年甲辰得四百七十五年矣。凡此年代之差。皆由寶林傳錯誤而楊文公不復考究耳)。

---

26) 대종(代宗) : 당의 8대왕.

27) 시호(諡號) : 도(道)와 덕(德)이 우수한 스님이 열반한 뒤에 임금이 주는 가호(嘉號).

28) 응당 위나라 경자년에 입적한 것으로부터 송나라 경덕 원년 갑진년까지는 475년이라고 말해야 한다. 대개 이 연대에 차이가 있다. 이는 모두 『보림전』의 잘못된 기록을 양문공이 다시 고찰하지 않았기 때문이다.(원주)

토끼뿔

양무제가 달마 대사에게 물었다.

“어떤 것이 성제(聖諦)의 제일가는 이치요?”

달마 대사가 말하였다.

“이러-히 가없어 성인이라 할 것도 없습니다.”

“짐을 대하고 있는 이는 누구요?”

“모르오.”

위의 양무제와 달마 대사와의 문답에 대해 전강 선사께서 대원에게 물으셨다.

“만약에 자네가 당시의 양무제였다면 ‘모르오’라고 이르고 있는 달마 대사에게 어떻게 했겠는가?”

대원이 말하였다.

“제가 양무제였다면 ‘성인이라 함도 서지 못하나 이러-히 짐의 덕화와 함께 어우러짐이 더욱 좋지 않겠습니까?’ 하며 달마 대사의 손을 잡아 일으켰을 것입니다.”

전강 선사께서 탄복하며 말씀하셨다.

“어느새 그 경지에 이르렀는가?”

대원이 말하였다.

“이르렀다곤들 어찌 하며, 갖추었다곤들 어찌 하며, 본래라곤들 어찌 하리까? 오직 이러-할 뿐인데 말입니다.”

제29조 혜가(慧可) 대사

혜가 대사[29]는 무뇌(武牢) 사람으로 성은 희(姬)씨이고 아버지는 적(寂)이다.

그의 아버지는 아들이 있기 전에 일찍이 스스로 생각하기를 '우리 집이 항상 착한 일을 받들어 행하는데 어찌 아들이 없겠는가?' 라고 하였다. 그리고는 오래 기도를 하던 중 어느 날 저녁에 이상한 광채가 방을 비추는 것을 느끼고 그로부터 그의 어머니에게 태기가 있었다.

태어난 뒤에는 방을 비춘 상서로움으로 인해 광(光)이라 이름하였다. 어릴 때부터 의지와 기상이 남달랐고, 시경과 서경을 두루 보았을 뿐만 아니라 더욱이 현묘한 이치에 밝았으며, 집안 살림을 좋아하지 않고 산천에서 놀기를 좋아하였다.

第二十九祖慧可大師者武牢人也。姓姬氏。父寂。未有子時。嘗自念言。我家崇善豈無令子。禱之既久。一夕感異光照室。其母因而懷妊。及長遂以照室之瑞名之曰光。自幼志氣不群。博涉詩書尤精玄理。而不事家產好遊山水。

29) 혜가 대사(487 ~ 593).

뒤에 불서(佛書)를 보다가 초연히 스스로 얻은 바가 있어서 곧 낙양 용문산에 있는 향산사(香山寺)에 가서 보정 선사에 의해 출가하여 구족계를 받았다. 영목사(永穆寺)에서 부유(浮游) 강사에게 대소승의 교법을 두루 배우다가 32세가 되는 해 다시 향산사로 돌아와서 종일토록 조용히 앉아 있었다.

그로부터 8년이 지난 어느 날, 선정〔寂默〕 가운데서 홀연히 한 신인을 보게 되었는데 그가 이렇게 말하였다.

"장차 과위를 얻고자 한다면 어찌 여기에 머물러 있는가? 큰 도는 먼 곳에 있지 않으니 그대는 남쪽으로 가라."

광은 그것이 신의 도움임을 알아차리고 신광(神光)이라 이름을 고쳤다. 그 이튿날 머리가 쑤시는 것같이 아파서 그의 스승이 고치려 하니, 공중에서 '이는 뼈를 바꾸는 것이다. 예사 아픔이 아니다.'라고 하였다. 신광이 마침내 신을 본 사실을 스승에게 고백하자, 스승이 정수리를 살펴보니 과연 다섯 봉우리가 솟아난 것 같았다. 스승이 말하였다.

後覽佛書超然自得。即抵洛陽龍門香山。依寶靜禪師出家受具。於永穆寺浮游講肆。遍學大小乘義。年三十二却返香山。終日宴坐。又經八載。於寂默中倏見一神人。謂曰。將欲受果何滯此耶。大道匪遙。汝其南矣。光知神助因改名神光。翊日覺頭痛如刺。其師欲治之。空中有聲曰。此乃換骨非常痛也。光遂以見神事白於師。師視其頂骨即如五峯秀出矣。乃曰。

"네 상호가 길하고 상서로우니 반드시 증득하는 바가 있겠다. 신인이 너를 남쪽으로 가라 한 것은 곧 소림을 가리킨 것이니, 반드시 달마 대사가 네 스승이리라."

신광이 분부를 받고 소실산[30]으로 갔다. 그가 법을 받고 옷을 전해 받은 일은 달마 대사 장에서 자세히 말하였다.

달마 대사가 소림에서 교화를 부탁하고 서쪽으로 돌아간 뒤에, 혜가 대사가 계승하여 현묘한 종풍을 드날리면서 법을 이어받을 사람을 널리 구하였다.

북제(北齊)의 천평(天平) 2년[31]에 이르러 한 거사가 40이 넘었음직한데 성명도 밝히지 않고 불쑥 와서 절을 하고 물었다.

"제가 풍에 걸렸으니 화상께서 죄를 참회하게 하여 주십시오."

대사가 말하였다.

"죄를 가지고 오라. 참회시켜 주리라."

汝相吉祥當有所證。神令汝南者。斯則少林達磨大士必汝之師也。光受教造於少室。其得法傳衣事跡。達磨章具之矣。自少林託化西歸。大師繼闡玄風博求法嗣。至北齊天平二年(當作天保二年乃辛未歲也。天平東魏年號二年乙卯也)有一居士年踰四十不言名氏。聿來設禮而問師曰弟子身纏風恙。請和尚懺罪。師曰。將罪來與汝懺。

30) 소실산 : 중국의 숭산(嵩山) 서쪽에 위치한 산으로 소림사가 있는 산.
31) 응당 천보(天保) 2년 즉 신미년이어야 한다. 천평은 동위의 연호이고 2년은 을묘년이다. (원주)

거사가 조금 있다가 말하였다.

"죄를 찾아도 찾을 수 없습니다."

"내가 그대의 죄를 모두 참회시켜 주었으니 마땅히 불·법·승에 의지하여 머물러라."

"지금 화상을 뵙고 승보(僧寶)임은 알았으나 무엇을 이름하여 불보(佛寶), 법보(法寶)라고 하는지 모르겠습니다."

"마음이 부처요, 마음이 법이다. 법과 부처는 둘이 아니요, 승보도 또한 그러하다."

"오늘에야 비로소 죄의 성품이 안에도 밖에도 중간에도 있지 않음을 알았으니, 마음이 그러하듯이 불보와 법보가 둘이 아닙니다."

대사는 그가 법기(法器)임을 깊이 느끼고 곧 머리를 깎아 주고 말하였다.

"너는 나의 보배이다. 마땅히 승찬(僧璨)이라 부르리라."

그해 3월 18일 광복사(光福寺)에서 구족계를 받으니, 그로부터 병이 차츰 나아져서 2년 동안 시봉을 할 수 있었다.

居士良久云。覓罪不可得。師曰。我與汝懺罪竟。宜依佛法僧住。曰今見和尚已知是僧。未審何名佛法。師曰。是心是佛。是心是法。法佛無二。僧寶亦然。曰今日始知罪性不在內不在外不在中間。如其心然佛法無二也。大師深器之。即為剃髮。云是吾寶也。宜名僧璨。其年三月十八日於光福寺受具。自茲疾漸愈。執侍經二載。

대사가 분부하였다.

"보리달마(菩提達磨)[32]께서 멀리 천축에서 오셔서 정법안장을 은밀히 나에게 전하셨는데, 내가 이제 달마 대사의 믿음의 옷과 함께 그대에게 주니, 그대는 잘 수호하여 끊이지 않게 하라. 나의 게송을 들어라."

본래의 바탕에 연 있으면
바탕의 인에서 종자 나서 꽃핀다 하나
본래엔 종자가 있은 적도 없어서
꽃핀 적도 없으며 난 적도 없다네

大師乃告曰。菩提達磨(舊本云達磨菩提)遠自竺乾以正法眼藏密付於吾。吾今授汝并達磨信衣。汝當守護無令斷絕。聽吾偈曰。

本來緣有地
因地種華生
本來無有種
華亦不曾生

32) 구본에는 달마보리라 하였다. (원주)

대사가 옷과 법을 전한 뒤에 다시 말하였다.

"그대는 내 법을 받고는 마땅히 깊은 산 속에 있으면서 얼른 교화에 나서지 말라. 머지않아 국난이 있으리라."

승찬이 물었다.

"스승께서 미리 아시니 원하건대 가르쳐 주십시오."

"내가 아는 것이 아니다. 이는 달마 대사께서 반야다라 존자의 예언을 전하신 것으로 '마음속은 비록 길하나 겉모양이 흉하다.'라고 한 것인데, 내가 햇수를 따져 보니 요즈음에 해당한다. 응당 앞의 말을 잘 생각해서 세상 재난에 걸리지 않게 하라. 그러나 나도 전생의 허물이 있으니 지금 갚아야 한다. 잘 가서 잘 행하다가 때를 기다려서 전해 주어라."

대사가 법을 전한 뒤에 업도(鄴都)에서 형편에 따라 설법을 하였는데, 일음(一音)으로 설하니 사부대중이 귀의하였다.

大師付衣法已。又曰。汝受吾教宜處深山。未可行化當有國難。璨曰。師既預知。願垂示誨。師曰。非吾知也。斯乃達磨傳般若多羅懸記云。心中雖吉外頭凶是也。吾校年代正在於茲。當諦思前言勿罹世難。然吾亦有宿累。今要酬之。善去善行俟時傳付。大師付囑已。即於鄴都隨宜說法。一音演暢四衆歸依。

이와 같이 34년을 지내고는 마침내 환속하여 술집에도 들어가고 고깃간을 지나기도 하며 길거리에서 잡담도 하고 품팔이도 하니, 사람들이 이상히 생각하여 이렇게 물었다.

"스님은 도인이신데 어찌하여 이러십니까?"

대사가 말하였다.

"나는 내 마음을 길들이는데 왜 네가 관계하느냐?"

또 대사가 관성현 광구사(匡救寺)의 삼문(三門) 밑에서 위없는 도를 설하니, 듣는 이가 숲같이 많았다.

이때에 변화 법사(辯和法師)라는 이가 그 절에서 『열반경』을 강의 하였는데 그의 학도들이 대사의 설법을 듣고 차츰차츰 이끌려 가니, 변화는 분함을 참지 못하고 고을 재상인 적중간(翟仲侃)에게 무고하였다.

적중간이 그 삿된 말에 속아서 대사에게 그릇된 법을 가하였으나 대사가 태연히 목숨을 마치니, 진실을 아는 이는 빚을 갚은 것이라고 하였다.

如是積三十四載。遂韜光混跡變易儀相。或入諸酒肆。或過於屠門。或習街談。或隨廝役。人問之曰。師是道人何故如是。師曰。我自調心何關汝事。又於筦城縣匡救寺三門下。談無上道聽者林會。時有辯和法師者。於寺中講涅槃經。學徒聞師闡法稍稍引去。辯和不勝其憤。興謗于邑宰翟仲侃。仲侃惑其邪說。加師以非法。師怡然委順。識真者謂之償債。

당시의 나이는 107세였고, 곧 수(隋)나라 문제 개황(開皇) 13년 계축년 3월 16일이었다.[33] 뒤에 자주(磁州) 부양현 동북쪽 70리에 장사 지내니 당의 덕종이 대조 선사(大祖禪師)라 시호를 내렸다.

대사가 천화(遷化)[34]하신 뒤로 송(宋)의 경덕(景德) 원년 갑진년에 이르기까지는 413년이 된다.[35]

時年一百七歲。即隋文帝開皇十三年癸丑歲三月十六日也(皓月供奉。問長沙岑和尚。古德云。了即業障本來空。未了應須償宿債。只如師子尊者二祖大師。為什麼得償債去。長沙云。大德不識本來空。彼云。如何是本來空。長沙云。業障是。又問。如何是業障。長沙云。本來空是。彼無語。長沙便示一偈云。假有元非有。假滅亦非無。涅槃償債義。一性更無殊)後葬於磁州滏陽縣東北七十里。唐德宗諡大祖禪師。自師之化至皇宋景德元年甲辰。得四百一十三年(當作一十二年)。

---

33) 호월 공봉이 장사 잠 화상에게 물었다. "고덕이 말하기를 '깨달으면 곧 업장이 본래 공하나 깨닫지 못하면 마땅히 진 빚을 갚아야 한다.'라고 하였는데 사자존자와 2조 대사 같은 분이 왜 빚을 갚으러 갑니까?"라고 하니, 장사가 말하기를 "대덕이 본래 공함을 알지 못하는구나."라고 하였다. 호월이 말하기를 "무엇이 본래 공입니까?"라고 하자, 장사가 말하기를 "업장이다."라고 하였다. 또 묻기를 "무엇이 업장입니까?" 하니, 장사가 말하기를 "본래 공이다." 라고 하자 호월이 말이 없었다. 장사가 곧 한 게송을 읊어 보였다.
가짜로 있는 것은 원래 있는 것이 아니요
가짜로 멸하는 것 또한 없어지는 것도 아니다
열반과 빚을 갚는다는 뜻은
온통인 성품일 뿐 더 이상 차별이 없다 (원주)

34) 천화(遷化) : 고승의 열반. 이 사바세계의 중생들을 교화할 인연이 끝나서 다른 국토의 중생을 교화하러 가는 것.

35) 응당 12년이라야 맞다. (원주)

토끼뿔

어떤 것이 종자라 할 것도 없고 꽃핀 적도 없는 도리인가?

그렇게만 물어라.

앞의 혜가(慧可) 대사에게서 곁가지로 나온 법손

승나(僧那) 선사

승나 선사의 성은 마(馬)씨로 어릴 적부터 총명하여 고서〔墳典〕[36]에 통달하였고, 나이 21세에 동해(東海)에서 예기(禮記)와 주역(周易)을 강의하니 듣는 이가 성황을 이루었다.

그가 남쪽으로 떠나서 상부(相部)[37]로 가려 하니 학인들이 따라왔다.

僧那禪師姓馬氏。少而神俊通究墳典。年二十一講禮易於東海。聽者如市。暨南徂相部學衆隨至。

36) 분전(墳典) : 원문의 분전(墳典)은 삼분오전을 통틀어 말하는 것인데 고서를 가리킨다.

37) 상부(相部) : 상주. 지금의 하남성 안양.

때마침 2조[38]의 설법을 만나 뜻이 같은 사람 열 명과 함께 2조에게 출가하였다. 그로부터 다시는 손에 붓을 잡지 않고 세속의 경전을 영원히 떠나서 옷 한 벌과 발우 하나로 한 자리에 앉고 한 끼니만 먹는 두타행을 하였다.

2조를 시봉한 지 오랜 후에 제자 혜만(慧滿)에게 말하였다.

"조사의 심인은 고행에만 전념하는 것이 아니니 고행은 단지 조도(助道)일 뿐이다. 만일 본심에 계합하여 뜻대로 참 광명의 씀을 발할 수 있다면, 고행은 마치 흙을 뭉쳐서 금을 이루는 것과 같으나, 만약 오직 고행만을 힘써서 본심을 밝히지 못하고 미움과 사랑에 얽매이면, 고행은 마치 달이 없는 밤에 험한 길을 지나는 것과 같다.

네가 본심을 밝히고자 하거든 응당 자세히 살피고 살펴서 색과 소리를 대해 알아본〔覺觀〕 마음을 일으키지 않을 때 마음자리는 어디인가? 이것은 없는 것인가, 있는 것인가?

會二祖說法。與同志十人投祖出家。自爾手不執筆永捐世典。惟一衣一鉢一坐一食奉頭陀行。既久侍於祖後謂門人慧滿曰。祖師心印非專苦行。但助道耳。若契本心發隨意真光之用。則苦行如握土成金。若唯務苦行。而不明本心。為憎愛所縛。則苦行如黑月夜履於險道。汝欲明本心者。當審諦推察。遇色遇聲。未起覺觀時心何所之。是無耶是有耶。

38) 2조 : 중국에서는 중국에 처음 불법을 전한 보리달마를 1조로 삼아 법맥을 이어갔다. 그러므로 여기서 2조는 혜가(慧可) 대사이다.

이미 있고 없는 곳에 떨어지지 않았다면 마음구슬이 오롯이 밝아 항상 세간을 비출 것이니, 한 티끌만한 간격도 없고 한 찰나 사이의 끊어지고 이어지는 모습도 없다.

그러므로 우리 초조(初祖)께서 『능가경』 4권을 겸하여 전하면서 나의 스승인 2조에게 '내가 진단(震旦)[39]을 관찰하니 오직 이 경만 있으면 마음을 깨칠 수 있다. 그대가 의지하여 수행하면 스스로 얻어서 세상을 제도하리라.'라고 말씀하셨다.

또 2조께서 항상 설법을 마치시고는 '이 경이 4세(世) 뒤에는 이름과 형상이 변하리라.'라고 하셨으니, 참으로 슬픈 일이다. 내가 이제 그대에게 전하니 잘 간직하여서 그릇된 사람에게는 전하지 말라."

이렇게 전해 준 뒤에 대사는 행각을 떠났는데〔遊方〕[40] 그의 임종은 알 수 없다.

既不墮有無處所。則心珠獨朗常照世間。而無一塵許間隔。未嘗有一剎那頃斷續之相。故我初祖兼付楞伽經四卷。謂我師二祖曰。吾觀震旦唯有此經可以印心。仁者依行自得度世。又二祖凡說法竟。乃曰。此經四世之後變成名相。深可悲哉。我今付汝宜善護持。非人慎勿傳之。付囑已師乃遊方。莫知其終。

39) 진단(震旦) : 옛날 인도인이 중국을 별칭한 말.

40) 유방(遊方) : 원문의 유방(遊方)은 승려가 수행이나 도를 묻기 위해 인연에 따라 사방으로 다니는 것이라는 뜻이다.

토끼뿔

그러나 어찌 하리요.

산정 위의 둥근 돌은
굴러 내릴 줄만 알고

타는 불꽃은 위로
솟구쳐 오를 줄만 안다

향(向) 거사

향 거사는 숲 속에 숨어 살면서 산나물을 먹고 시냇물로 목을 축였다.

북제(北齊)의 천보(天保) 초(初)년에 2조의 교화가 번성하다는 소식을 듣고 다음과 같은 서신을 보내서 서로 통하였다.

"그림자는 형상에 의하여 일어나고, 메아리는 소리를 따라 일어나는데 그림자를 희롱하여 형상을 수고롭게 하려는 것은[41] 형상이 그림자의 근본임을 모르기 때문이요, 소리를 내면서 메아리를 없애려 함은 메아리의 뿌리가 소리임을 모르기 때문입니다.

向居士。幽棲林野木食澗飮。北齊天保初。聞二祖盛化乃致書通好曰。影由形起響逐聲來。弄影勞形(弄影當作棄影。唯恐當時筆誤耳。蓋第三十卷鎮國大師答皇太子問心要云。若求真去妄。猶棄影勞形。若體妄即真。似處陰休影。此用莊子之說。勞形謂走而避影也)不識形為影本。揚聲止響不知聲是響根。

---

41) '그림자를 희롱한다'라고 한 것은 응당 '그림자를 버린다'라고 해야 한다. 아마 당시에 잘못 썼을 것이다. 왜냐하면 제30권에서 진국대사가 황태자의 심요에 관한 물음에 답하기를 "만약 참을 구하고 망을 버리려고 한다면, 마치 그림자를 버리려고 몸을 수고롭게 하는 것과 같다. 만약 망이 곧 참임을 체득하면 마치 그늘 속에 있어서 그림자가 없는 것과 같다."고 하였다. 이것은『장자』의 말을 쓴 것인데, "몸을 수고롭게 하다"라는 말의 뜻은 '달려서 그림자를 피하려고 하는 것'을 말한다. (원주)

그러기에 번뇌를 제거하고 열반에 나아가려는 것은 형상을 버리고 그림자를 찾는 것과 같고, 중생을 떠나서 불과를 구하려는 것은 소리가 없는 메아리를 찾는 것과 같습니다.

그러므로 미혹함과 깨달음이 한 갈래요, 어리석음과 지혜로움이 다르지 않다는 걸 알아야 합니다. 이름이 없는데 이름을 지으면 그 이름에 의하여 시비가 생기고, 이치가 없는데 이치를 지으면 그 이치에 의하여 논쟁이 일어납니다.

환화(幻化)는 참된 것이 아니거늘 누가 옳고 누가 그르며, 허망하여 진실이 없거늘 무엇이 있고 무엇이 없겠습니까? 얻어도 얻은 바가 없고 잃어도 잃은 바가 없음을 알고자 하나, 나아가 뵈올 겨를이 없으므로 이 글월을 올리니 바라옵건대 회답해 주십시오."

2조 대사가 붓을 들어서 회답 편지에 말하였나.

除煩惱而趣涅槃。喩去形而覓影。離衆生而求佛果。喩默聲而尋響。故知迷悟一途愚智非別。無名作名。因其名則是非生矣。無理作理。因其理則爭論起矣。幻化非真誰是誰非。虛妄無實何空何有。將知得無所得失無所失。未及造謁聊申此意。伏望答之。二祖大師命筆迴示曰。

"보내온 뜻을 자세히 살펴보니, 모두가 여실하여 참되고 그윽한 이치와 조금도 다르지 않다. 본래 마니주(摩尼珠)[42]를 잘못 알아 기와나 자갈이라 하였으나 활연히 깨닫고 보니 보배구슬임에 틀림 없다.

무명과 지혜가 차별 없이 같으니 만법이 모두가 그러한 줄 알아라. 이 두 소견의 무리를 가엾게 여기어 붓을 들어서 이 서신을 쓰니 몸과 부처가 차별 없음을 보면 다시 남음 없는 열반은 찾아서 무엇 하랴."

거사가 2조의 게송을 받아 절을 한 뒤에 펴보고 2조의 인가를 은밀히 받았다.

備觀來意皆如實。真幽之理竟不殊。本迷摩尼謂瓦礫。豁然自覺是真珠。無明智慧等無異。當知萬法即皆如。愍此二見之徒輩。申辭措筆作斯書。觀身與佛不差別。何須更覓彼無餘。居士捧披祖偈乃伸禮覲。密承印記。

---

42) 마니주(摩尼珠) : 여의주. 이것을 가지면 원하는 대로 뜻이 이루어진다고 하는 보배구슬.

토끼뿔

쉬, 쉬
아차차
법심 차나 내오렴.

상주(相州) 융화사(隆化寺) 혜만(慧滿) 선사

혜만 선사는 형양(滎陽) 사람으로 성은 장(張)씨였다. 처음 본사(本寺)에서 승나 선사(僧那禪師)의 가르침을 받았다. 그리고는 검소함과 절약함에 뜻을 두어 바늘 두 개만을 가지고 다니면서 겨울에는 걸식과 누더기 깁기를 하다가 여름이 되어야 그만두었다.

그는 스스로 말하였다.

"일생 동안 마음에는 두려움이 없고 몸에는 벼룩이나 이(虱)가 없으며, 잘 때에는 꿈을 꾸지 않고 항상 걸식을 하며, 한 자리에서 이틀밤을 묵지 않고 가는 절마다 장작을 패고 신을 삼았다."

정관(貞觀) 16년 낙양의 회선사(會善寺) 옆에 있는 옛 무덤 사이에서 자다가 큰 눈을 만나서 새벽에 절로 들어가 담광(曇曠) 법사를 만났다. 담광 법사가 그가 온 곳을 괴이하게 여기자 대사가 말하였다.

相州隆化寺慧滿禪師。滎陽人也。姓張氏。始於本寺遇僧那禪師開示。志存儉約唯蓄二鍼。冬則乞補夏乃捨之。自言一生心無怯怖身無蚤虱睡而不夢。常行乞食住無再宿。所至伽藍則破柴製履。貞觀十六年於洛陽會善寺側。宿古墓中遇大雪。旦入寺見曇曠法師。曠怪所從來。師曰。

"법이 온 곳이 있겠는가?"

담광 법사가 사람을 보내어 그가 온 곳을 찾아보니, 사방에 눈이 다섯 자쯤이나 쌓여 있었다. 담광 법사는 알 수 없는 일이라고 말하였다.

그 뒤에 괄록사(括錄事)[43]가 있다는 말이 들리니, 여러 승려들이 모두 도망하여 숨었지만 대사만은 발우를 들고 걸림 없이 마을을 돌아다니면서, 얻으면 얻은 대로 흩어버리면 흩어버리는 대로 참으로〔索〕[44] 비고 한가로웠다.

어떤 이가 공양이나 숙소를 제공하면 "천하에 승려가 없어서 내가 그런 청을 받는구나."라고 하였다.

法有來耶。曠遣尋來處。四邊雪積五尺許。曠曰。不可測也。尋聞有括錄事。諸僧逃隱。師持鉢周行聚落無所滯礙。隨得隨散索爾虛閑。有請宿齋者。師曰。天下無僧方受斯請也。

43) 괄록사(括錄事) : 불법의 환란.

44) 색(索) : 원문의 색(索)은 확실히. 또는 참으로라는 뜻이다.

또 언젠가는 사람들에게 이런 법문을 하였다.

"모든 부처님들께서 마음을 말씀하신 것은 마음의 형상이 허망한 것임을 알게 하시기 위함인데, 이제 마음의 형상을 더 보태니 부처님의 뜻을 매우 어기는 것이며, 또 논의를 더하니 자못 큰 이치에 어긋난다. 그러므로 항상『능가경』네 권을 가지고 다니면서 마음의 요긴함으로 삼아서 말씀대로 행하라."

이는 대체로 지난 여러 대에서 법을 전하는 법칙에 따른 것이다. 뒤에 제자들을 가르치던〔陶冶〕[45] 도중에 질병 없이 앉은 채로 입적하니 수명은 70세였다.

又嘗示人曰。諸佛說心令知心相是虛妄。今乃重加心相。深違佛意。又增論議殊乖大理。故常齎楞伽經四卷。以為心要。如說而行。蓋遵歷世之遺付也。後於陶冶中無疾坐化。壽七十許。

45) 도야(陶冶) : 원문의 도야(陶冶)는 도기를 만드는 일과 쇠를 주조하는 일. 또는 그런 일을 하는 사람이라는 뜻인데. 훌륭한 사람이 되도록 심신을 닦아 기르는 것을 비유한다.

 토끼뿔

그러하고
그러하나
흔적이 남았구려.
아차차

제30조 승찬(僧璨) 대사

승찬 대사[46]는 어떤 사람인지 모른다. 처음에 속인의 몸으로 2조를 뵙고 승려가 된 뒤에 법을 전해 받고는 서주(舒州)의 환공산(皖公山)에 숨었다.

나중에 후주(後周) 무제의 파불사태(破佛沙汰)[47]를 만났을 때에 태호현(太湖縣)의 사공산(司空山)에 왕래하면서 일정한 장소 없이 지냈는데 10년을 지나도 아무도 아는 이가 없었다.

수(隋)의 개황 12년 임자년에 이르러 도신이라는 사미(沙彌)[48]가 나이 14세의 몸으로 와서 대사에게 절하면서 말하였다.

"원하건대 화상께서 자비를 베푸시어 해탈하는 법문을 일러주십시오."

대사가 말하였다.

第三十祖僧璨大師者。不知何許人也。初以白衣謁二祖。既受度傳法。隱於舒州之皖公山。屬後周武帝破滅佛法。師往來太湖縣司空山。居無常處積十餘載。時人無能知者。至隋開皇十二年壬子歲。有沙彌道信。年始十四。來禮師曰。願和尚慈悲乞與解脫法門。師曰。

---

46) 승찬 대사(? ~ 606).

47) 파불사태(破佛沙汰) : 불교를 없애려는 환란.

48) 사미(沙彌) : 출가하여 10계를 받은 남자로 구족계를 받아 비구가 되기 전의 수행자.

"누가 너를 속박했더냐?"
"아무도 속박하지 않았습니다."
"그렇다면 어찌하여 다시 해탈을 구하는가?"

도신이 그 말끝에 크게 깨달아 9년을 힘껏 모셨다. 뒤에 길주에서 계를 받고 시봉을 더욱 열심히 하였는데, 대사는 자주 현묘한 법으로써 그를 시험해 보다가 그 인연이 익었음을 알고 곧 옷과 법을 전해 주며 게송을 말하였다.

꽃과 종자 바탕으로 인하니
바탕을 좇아서 종자와 꽃을 내나
만약에 사람이 종자 내림 없으면
남 없어 바탕에 꽃핀 적도 없다 하리

誰縛汝。曰無人縛。師曰。何更求解脫乎。信於言下大悟服勞九載。後於吉州受戒侍奉尤謹。師屢試以玄微。知其緣熟乃付衣法。偈曰。

華種雖因地
從地種華生
若無人下種
華地盡無生

대사가 다시 말하였다.

"옛날에 혜가 대사께서 나에게 법을 전하신 뒤에 바로 업도(鄴都)로 가서 30년 동안 교화하다가 입적하셨는데, 나는 이제 그대를 만나 법을 전했거늘 어찌 여기에 머물러 있겠는가?"

그리고는 곧 나부산(羅浮山)으로 가서 2년 동안 유행하다가 다시 옛터로 돌아와서 한 달이 지나니, 선비와 백성들이 모여와서 크게 공양을 베풀었다.

대사는 사부대중에게 심지법문(心地法門)[49]을 널리 설한 뒤에 법회를 하던 큰 나무 밑에서 합장하고 서서 임종하니, 이는 곧 수의 양제 대업(大業) 2년 병인년 10월 15일이었다.

당의 현종(玄宗)이 감지 선사(鑑智禪師)라 시호를 내리고 탑호를 각적(覺寂)이라 하였다. 송의 경덕 원년 갑진년까지는 400년이 된다.

師又曰。昔可大師付吾法。後往鄴都行化三十年方終。今吾得汝何滯此乎。即適羅浮山優游二載。却旋舊址逾月。士民奔趨大設檀供。師為四眾廣宣心要訖。於法會大樹下合掌立終。即隋煬帝大業二年丙寅十月十五日也。唐玄宗諡鑑智禪師覺寂之塔。至皇宋景德元年甲辰歲。凡四百載矣。

---

49) 심지법문(心地法門) : 마음의 근본을 밝힌 법문.

당나라 초기에 하남의 관리였던 이상(李常)이 본래 조사의 가풍을 흠앙하여 현묘한 이치를 깊이 깨달았는데 천보(天寶) 을유년에 이르러 하택신회(荷澤神會)를 만나 물었다.

"3조 대사는 어디에다 장사를 지냈습니까? 혹은 나부산에 들어가서 돌아오지 않았다 하고, 혹은 산곡사(山谷寺)에서 임종했다 하니, 어느 것이 옳은지 모르겠습니다."

신회가 말하였다.

"승찬 대사는 나부산에서 산곡사로 돌아가신지 한 달 남짓해서 열반에 드셨으니, 지금 서주에 3조의 묘소가 있소."

이상이 믿지 못했는데 때마침 서주별가(舒州別駕)로 전근하게 되자 산곡사의 승려들에게 물었다.

"들으니 절 뒤에 3조의 묘소가 있다 하는데 사실인가?"

初唐河南尹李常。素仰祖風深得玄旨天寶乙酉歲。遇荷澤神會問曰。三祖大師葬在何處。或聞入羅浮不迴。或說終於山谷。未知孰是。會曰。璨大師自羅浮歸山谷。得月餘方示滅。今舒州見有三祖墓。常未之信也。常[50]謫為舒州別駕。因詢問山谷寺眾僧曰。聞寺後有三祖墓是否。

50) 常이 송, 원나라본에는 會로 되어 있다.

그때에 혜관이라는 원로가 있다고 대답하였다. 이상이 기뻐하면서 수행하는 관리들을 데리고 가서 같이 예배하고, 또 광(壙)을 열어 시신을 화장해서 오색 사리 300과를 얻었다.

그중에서 100과를 꺼내어 자신의 봉록으로 탑을 세워 모셨고, 100과는 하택 신회에게 보내어 앞의 말을 증명시켰으며, 남은 100과는 몸에 지니고 다니다가 나중에 낙양으로 돌아왔을 때에 자기 집에서 공양을 베풀면서 경하하였다.

이때에 서역에서 온 건나라는 삼장(三藏)[51]이 모임 속에 있었는데, 이상이 그 삼장에게 물었다.

"천축의 선문(禪門)에 조사가 몇 분입니까?"

건나 삼장이 대답하였다.

"가섭으로부터 반야다라에 이르기까지 27인의 조사가 계시오.

時上座慧觀對曰。有之。常欣然與寮佐同往瞻禮。又啟壙取真儀闍維之。得五色舍利三百粒。以百粒出己俸建塔焉。百粒寄荷澤神會。以徵前言。百粒隨身。後於洛中私第設齋以慶之。時有西域三藏犍那等在會中。常問三藏。天竺禪門祖師多少。犍那答曰。自迦葉至般若多羅。有二十七祖。

51) 삼장(三藏) : 경(經) · 율(律) · 논(論) 3장의 내용을 잘 아는 스님.

만일 사자 존자의 곁가지〔傍出〕인 달마달 이하 4세의 22인을 합치면 모두 49인의 조사가 계시는 것이고, 만일 7불로부터 이 승찬 대사에 이르기까지 곁가지를 치지 않으면 모두 37인의 조사가 계시는 것이오."

이상이 또 모임에 있는 노덕들에게 물었다.

"예전에 조사의 계보를 보았는데, 혹은 50여 인의 조사를 인용하였고 곁가지가 차이가 있어 종족(宗族)이 일정하지 않으며, 혹은 다만 헛 이름만 있으니 무엇으로 증명하겠습니까?"

그때에 6조의 문인인 지본 선사(智本禪師)라는 이가 대답하였다.

"후위(後魏)의 초기에 불법이 침체하였는데 이때에 담요(曇曜)라는 사문이 어지러운 틈에 흰 비단에다 모든 조사의 이름을 아는 대로 혹은 차례를 잊은 채로 기록해서 옷깃 속에 넣고 바위굴에 숨어 있었소.

若敍師子尊者傍出達磨達四世。二十二人。總有四十九祖。若從七佛至此璨大師。不括橫枝凡三十七世。常又問。會中耆德曰。嘗見祖圖。或引五十餘祖。至於支派差殊宗族不定。或但有空名者。以何為驗。時有智本禪師者。六祖門人也。答曰。斯乃後魏初佛法淪替。有沙門曇曜。於紛紜中以素絹單錄。得諸祖名字。或忘失次第。藏衣領中隱於巖穴。

그로부터 35년이 지나 문성제(文成帝)가 왕위에 오르자 불법이 다시 중흥했고 담요는 이름과 행이 모두 높아져서 마침내 승통(僧統)[52]이 되었소.

그는 여러 사문들을 모아 거듭거듭 상의하여 결집해서 그 제목을 『부법장전(付法藏傳)』이라 하여 편찬하였는데, 그 사이에 약간의 어긋남이 있는 것은 담요가 두려움에 쫓기며 기록했기 때문이오.

또 13년이 지나 황제가 국자박사(國子博士) 황원진과 북천축의 삼장 불타선다와 길불연 등에게 명령하여 인도 서적을 거듭 연구하고 종지(宗旨)[53]를 뚜렷이 구분하여 스승과 제자의 전승을 차례대로 서술하게 하니 어긋남이 없게 되었소."

經三十五載。至文成帝即位。法門中興。曇曜名行俱崇。遂為僧統。乃集諸沙門重議結集。目為付法藏傳。其間小有差互。即曇曜抄錄時怖懼所致。又經一十三年。帝令國子博士黃元真與北天竺三藏佛陀扇多吉弗煙等。重究梵文甄別宗旨次敍師承。得無紕謬也。

52) 승통(僧統) : 불교의 승관(僧官) 및 법계(法階)의 하나. 북위 시대 때 전국의 비구와 비구니의 사무를 총감독하는 승관(僧官).

53) 종지(宗旨) : 종문(宗門)의 교의의 취지.

토끼뿔

꽃과 종자 바탕으로 인하니
바탕을 쫓아서 종자와 꽃을 내나
만일 사람이 종자 내림 없으면
남 없어 바탕에 꽃핀 적도 없다 하리

위의 게송에 대하여 대원이 자문자답으로 이르노라.

"어떤 것이 남 없어 바탕에 꽃핀 적도 없는 도리인가?"
"그렇게 분명하다."

제31조 도신(道信) 대사

도신 대사[54)]의 성은 사마(司馬)이다. 대대로 하남 지방에 살다가 후에 기주(蘄州)의 광제현으로 이사하였다. 대사는 날 때부터 특이하였고 어릴 때부터 이미 불법의 온갖 해탈문을 흠모하니, 완연히 전생에 익힌 것 같았다.

조사의 가풍을 이어받은 뒤에 마음을 걷어잡아 잠을 자지 않고 거의 60년 동안 겨드랑이를 자리에 대지 않았다.

수(隋)의 대업(大業) 13년에 대중들을 이끌고 길주(吉州)에 이르러 도적 떼를 만났는데, 성을 둘러싸고 70일을 풀어주지 않으니 대중이 모두 겁에 질렸다. 대사가 그들을 가엾게 생각하여 마하반야를 외우게 하였다.

이때에 도적들이 성벽 위를 바라보니, 마치 신병(神兵)이 서 있는 듯이 보였다.

第三十一祖道信大師者。姓司馬氏。世居河內。後徙於蘄州之廣濟縣。師生而超異。幼慕空宗諸解脫門。宛如宿習既嗣祖風。攝心無寐脇不至席者。僅六十年。隋大業十三載。領徒衆抵吉州。值群盜圍城七旬不解。萬衆惶怖。師愍之教令念摩訶般若。時賊衆望雉堞間。若有神兵。

54) 도신 대사(580 ~ 651).

이에 도적들이 서로 이 성안에는 반드시 뛰어난 사람이 있으니 공격하지 말자고 하면서 슬금슬금 물러갔다.

당의 무덕(武德) 갑신년에 대사가 다시 기춘으로 돌아와서 파두산에 머무르자 배우는 무리들이 구름같이 모였다.

하루는 황매현으로 가는 길에 한 아이를 만났는데, 골격이 수려하여 다른 아이들과는 달랐다.

대사가 물었다.

"성(姓)이 무엇이냐?"

동자가 대답하였다.

"성(姓)은 있으나 보통 성이 아닙니다."

"어떤 성(姓)인가?"

"불성입니다."

"너의 성(性)은 없는가?"

"성품이 공하기 때문입니다."

乃相謂曰。城內必有異人。不可攻矣。稍稍引去。唐武德甲申歲。師却返蘄春住破頭山。學侶雲臻。一日往黃梅縣路逢一小兒。骨相奇秀異乎常童。師問曰。子何姓。答曰。姓即有不是常姓。師曰。是何姓。答曰。是佛性。師曰。汝無性耶。答曰。性空故。

대사는 그가 법기임을 짐작하고 시자를 시켜 그의 집에 따라가서 그 부모에게 출가시키기를 청하였다.

그 부모는 전생의 인연이라며 아무런 난색도 없이 아들을 제자가 되게 놓아주니 이름을 홍인이라 하였다.[55]

의발을 주고 법을 전한 뒤에 게송을 말하였다.

꽃과 종자 성품에서 남이라
바탕으로 인해서 나고 꽃피우니
큰 연과 성품이 일치하면
그 남〔生〕은 나도 남 아니로세

師默識其法器。即俾侍者至其家。於父母所乞令出家。父母以宿緣故殊無難色。遂捨為弟子。名曰弘忍(舊本無名曰弘忍四字。今此添入。若不言名。以至付法傳衣者。是何人耶。兼後有忍曰二字。亦自不明耳)以至付法傳衣。偈曰。

華種有生性
因地華生生
大緣與性合
當生生不生

55) 구본에는 '명왈홍인(名曰弘忍)'의 네 글자가 없는데 지금 여기에 삽입한 것이다. 만약 이름을 말하지 않으면 법과 가사를 전해 받은 사람이 누구이겠는가? 또한 뒤에 '인왈(忍曰)'이라는 두 글자가 있는데 역시 분명하지 않게 된다. (원주)

그리하여 학도들을 홍인에게 맡기고, 하루는 대중에게 고하였다.

“내가 무덕(武德) 때에 여산(廬山)을 유행하다가 산봉우리에 올라가서 파두산을 바라보니, 자줏빛 구름이 일산같이 서리었고 그 아래에 흰 기운이 가로로 여섯 갈래로 뻗은 것을 보았는데 그대들은 알 수 있겠는가?”

대중이 모두 잠자코 있었는데 홍인만이 대답하였다.

“화상께서 뒷날에 따로 한 갈래의 불법을 내실 것이 아니겠습니까?”

대사가 말하였다.

“맞다.”

뒤에 정관(貞觀) 계묘년에 이르러 태종(太宗)이 대사의 도풍을 듣고 흠모해서 풍채를 보고자 하여 조서로써 대사를 서울로 불렀다. 그러나 표를 올려 사양하기를 전후 세 차례나 반복하며 끝내 병을 핑계로 응하지 않았다.

遂以學徒委之。一日告衆曰。吾武德中遊廬山。登絕頂望破頭山。見紫雲如蓋下有白氣橫分六道。汝等會否。衆皆默然。忍曰。莫是和尚他後橫出一枝佛法否。師曰善。後貞觀癸卯歲。太宗嚮師道味欲瞻風彩。詔赴京師。上表遜謝前後三返。竟以疾辭。

네 번째에는 사자에게 과연 끝내 자리에서 일어나지 않거든 목을 베어 오라고 명령하였다.

사자가 산에 와서 조서를 전하니 대사가 머리를 칼날 앞에 내밀었는데 표정이 의연하였다. 사자가 경이롭게 여겨 그대로 돌아가서 장계(狀啓)를 올리니, 황제는 더욱 흠모하는 마음을 내어 진기한 비단을 하사하고 그의 뜻을 이루게 해 주었다.

고종(高宗) 영휘(永徽) 신해년 윤(閏) 9월 4일에 홀연히 문인들에게 훈계를 내렸다.

"일체 모든 법은 모두가 해탈이니 너희들은 제각기 잘 보호해 지녀서 미래의 중생들을 교화하라."

말을 마치자 편안히 앉아서 세상을 하직하니, 수명은 72세였다. 탑을 본산(本山)에 세웠는데 이듬해 4월 8일에 탑의 문이 까닭 없이 스스로 열리니 모습이 살아 있는 것 같았다. 그로부터 문인들은 감히 닫지 못하였다.

第四度命使曰。如果不起即取首來。使至山諭旨。師乃引頸就刃神色儼然。使異之迴以狀聞。帝彌加歎慕。就賜珍繒以遂其志。迄高宗永徽辛亥歲閏九月四日。忽垂誡門人曰。一切諸法悉皆解脫。汝等各自護念流化未來。言訖安坐而逝。壽七十有二。塔於本山。明年四月八日。塔戶無故自開。儀相如生。爾後門人不敢復閉。

대종(代宗)이 대의선사(大醫禪師)라 시호를 내리고 탑호를 자운(慈雲)이라 하였다. 대사가 입적한 뒤로 송의 경덕 원년 갑진년에 이르기까지는 356년이 된다.[56)]

代宗諡大醫禪師慈雲之塔。自圓寂至皇宋景德元年甲辰。凡三百五十六載(當云三百五十四載)。

56) 응당 354년이라 해야 한다. (원주)

토끼뿔

꽃과 종자 성품에서 남이라
바탕으로 인해서 나고 꽃피니
큰 연과 성품이 일치하면
그 남〔生〕은 나도 남 아니로세

위의 게송에 대하여 대원은 자문자답으로 이르노라.

"어떤 것이 나도 남이 아닌 도리인가?"
"그렇느니라."

제32조 홍인(弘忍) 대사

홍인 대사[57]는 기주(蘄州) 황매현(黃梅縣) 사람으로 성은 주(周)씨였는데 나면서부터 영특하였다. 어려서 놀다가 한 지자(智者)를 만났는데, 그가 탄복하며 말하기를 "이 아이는 일곱 가지 상호가 모자라서 여래에 미치지 못한다."라고 하였다.

뒤에 도신 대사(道信大師)를 만나 법을 받고서 파두산에서 교화를 하였다.

함형(咸亨) 연간에 성이 노씨이고 이름이 혜능인 한 거사가 신주[58]로부터 찾아와서 대사에게 절을 하니, 대사가 물었다.

"그대는 어디서 왔는가?"

혜능이 대답하였다.

"영남에서 왔습니다."

"무엇을 구하는가?"

第三十二祖弘忍大師者蘄州黃梅人也。姓周氏。生而岐嶷。童遊時逢一智者。歎曰。此子闕七種相不逮如來。後遇信大師得法嗣。化於破頭山咸亨中有一居士。姓盧名慧能。自新(舊本誤作蘄字)州來參謁。師問曰。汝自何來。曰嶺南。師曰。欲須何事。

57) 홍인 대사(602 ~ 675).

58) 구본에는 기주로 잘못 되어 있다. (원주)

혜능이 대답하였다.

"오직 부처가 되고 싶습니다."

대사가 말하였다.

"영남 사람은 불성이 없는데 어찌 부처가 되겠는가?"

"사람은 남북이 있지만 불성이야 어찌 그렇겠습니까?"

대사가 뛰어난 사람임을 알고도 버럭 소리를 질러 꾸짖었다.

"방앗간에나 가거라."

혜능이 발 앞에 절하고 물러가서 방앗간으로 들어가 밤낮으로 쉬지 않았다.

8개월이 지나 대사는 법을 전해줄 때가 된 것을 알고 대중에게 말하였다.

"바른 법은 알기 어려우니, 나의 말이나 기억해 가지는 것으로써 자기의 할 일을 했다고 여기지 말라. 그대들은 각각 뜻에 따라 게송 하나씩을 지어라. 만일 말의 뜻에 그윽히 계합되면 법의와 법을 모두 전해 주리라."

曰唯求作佛。師曰。嶺南人無佛性。若為得佛。曰人即有南北佛性豈然。師知是異人。乃訶曰。著槽廠去。能禮足而退。便入碓坊服勞於杵臼之間。晝夜不息。經八月。師知付授時至。遂告衆曰。正法難解不可徒記吾言持為己任。汝等各自隨意述一偈。若語意冥符。則衣法皆付。

그때에 모임에 있던 700여 명의 승려 중 상좌(上座)인 신수(神秀)라는 이가 내전과 외전〔內外〕[59]을 통달하여 대중의 추앙을 받고 있었다.

모두 함께 칭찬하며 말하기를 '신수 존자가 아니면 누가 감당하리오.'라고 하였는데, 신수는 대중이 자기를 칭찬하는 것을 남몰래 듣고는 더 이상 생각하지 않고 게송 하나를 복도 벽에다 써 놓았다.

몸은 보리의 나무요
마음은 밝은 거울과 같으니
때때로 부지런히 닦아서
티끌이 끼지 않도록 하라

時會下七百餘僧。上座神秀者。學通內外眾所宗仰。咸共推稱云。若非尊秀疇敢當之。神秀竊聆眾譽不復思惟。乃於廊壁書一偈云。

身是菩提樹
心如明鏡臺
時時勤拂拭
莫遣有塵埃

---

59) 내전과 외전〔內外〕: 불교의 경책을 내전이라 하고, 속세의 경책을 외전이라 한다.

대사가 경행(經行)[60]을 하다가 홀연히 이 게송을 보고 신수가 쓴 것임을 알고 찬탄하며 말하였다.

"후대의 사람들이 이에 의해 수행하면 역시 수승한 과위를 얻으리라."

그 벽에다 본래 노진(盧珍)이라는 처사로 하여금 능가경을 주제로 불화〔楞伽變相圖〕를 그리게 하려 하였는데, 게송이 있는 것을 보고는 그림 그리기를 그만두게 하고 각자 그것을 외우라고 하였다.

혜능이 방앗간에서 일을 하다가 홀연히 게송 외우는 소리를 듣고 동학(同學)에게 저것이 무슨 구절이냐고 물으니, 동학이 말하였다.

"화상께서 법제자를 구하기 위해서 각자 심게(心偈)를 지으라 하셨는데 그대는 모르는군. 이는 신수 상좌께서 지으신 것으로 화상께서 퍽 칭찬하셨소. 아마도 그에게 법과 옷을 전하실 것이오."

師因經行忽見此偈。知是神秀所述。乃讚歎曰。後代依此修行亦得勝果。其壁本欲令處士盧珍繪楞伽變相。及見題偈在壁。遂止不畫各令誦念。能在碓坊忽聆誦偈。乃問同學。是何章句。同學曰。汝不知和尚求法嗣。令各述心偈。此則秀上座所述。和尚深加歎賞。必將付法傳衣也。

60) 경행(經行) : 좌선하다가 거닐거나 가볍게 운동하는 것.

혜능이 물었다.

"그 게송에 무엇이라 말하였는가?"

동학들이 자세히 읽어주니, 혜능이 잠잠히 있다가 말하였다.

"좋기는 좋으나 깨닫지는 못했소."

동학들이 꾸짖었다.

"못난 사람이 뭘 아는가? 미친 소리를 말라."

혜능이 말하였다.

"그대들은 믿지 않는가? 원컨대 한 게송으로 화답하겠소."

동학들은 대답도 않고 서로 보면서 웃었다.

혜능은 밤이 되자 은밀히 한 동자에게 복도까지 데려가 달라고 말하였다. 그리고는 혜능 자신이 촛불을 잡고 동자에게 신수의 게송 옆에다 다음과 같은 게송을 쓰게 하였다.

能曰。其偈云何。同學為誦。能良久曰。美則美矣。了則未了。同學訶曰。庸流何知勿發狂言。能曰。子不信耶。願以一偈和之。同學不答相視而笑。能至夜密告一童子引至廊下。能自秉燭。令童子於秀偈之側寫一偈云。

보리는 본래 나무가 아니요
마음 거울도 본래 대(臺)가 없다
본래 한 물건도 없거늘
어찌 먼지를 털 필요가 있으랴

대사가 뒤에 이 게송을 보고 물었다.

"이건 누가 지은 것인가? 역시 불성을 보지 못했다."

대중이 대사의 말을 듣고 아무도 돌아보지 않았다.

대사는 밤이 되자 남몰래 사람을 방앗간에 보내서 혜능 행자를 방으로 들어오게 하고는 말하였다.

菩提本非樹
心鏡亦非臺
本來無一物
何假拂塵埃

大師後見此偈云。此是誰作亦未見性。衆聞師語遂不之顧。逮夜乃潛令人自碓坊召能行者入室。告曰。

"모든 부처님께서 세상에 나오신 것은 하나의 큰일을 위한 것이니 근기의 크고 작음에 따라 인도하시므로 십지(十地)와 삼승(三乘)[61]과 돈점(頓漸)[62] 등의 교리가 있어서 교문(敎門)을 이루었다. 그렇지만 위없이 미묘하고 비밀하여 두렷이 밝고 진실한 정법안장은 상수제자인 대가섭 존자에게 전하셨다.

차례차례 28대를 지나 달마 대사에 이르렀는데 중국으로 오셔서 혜가 대사에게 전한 것이 나에게까지 전해왔다. 이제 나는 법과 전해 받은 가사를 그대에게 전하니 스스로 잘 보호해서 끊이지 않게 하라. 나의 게송을 들어라."

諸佛出世為一大事故。隨機小大而引導之。遂有十地三乘頓漸等旨。以為教門。然以無上微妙祕密圓明真實正法眼藏。付於上首大迦葉尊者。展轉傳授二十八世。至達磨屆于此土。得可大師承襲。以至于吾。今以法及所傳袈裟用付於汝。善自保護無令斷絕。聽吾偈曰。

61) 삼승(三乘) : 중생을 열반에 이르게 하는 세 가지 교법으로, 부처님의 교리로 깨닫는 성문승과 홀로 십이인연을 관하여 깨닫는 연각승과 자리(自利)와 타리(他利)의 도를 함께 닦아 대각(大覺)을 구하는 보살승이 있다.

62) 돈점(頓漸) : 돈(頓)은 단박에 깨닫는 것이며 점(漸)은 수행해 차츰 닦아나가는 것이다.

정(情) 있어 종자를 내림에
바탕 인해 결과 내어 영위하나
정 없으면 종자도 없어서
성품에 없는 바라 남도 없네

혜능 거사가 꿇어앉아서 옷과 게송을 받고 말씀드렸다.

"법은 받았는데 옷은 누구에게 전해야 하겠습니까?"

대사가 말하였다.

"옛날에 달마 대사께서 처음 오셨을 때에는 사람들이 아무도 믿지 않으므로 옷을 전해서 법을 얻은 사실을 증명했지만, 이제는 신심이 이미 성숙되었으니 옷은 다툼의 동기가 될 것이므로 그대에게서 그치고 더는 전하지 말라. 또 응당 멀리 가서 숨었다가 때를 기다려서 교화하라. 이른바 옷을 받은 사람의 목숨이 실 같다는 예언이 이것이다."

有情來下種
因地果還生
無情旣無種
無性亦無生

能居士跪受衣法。啟曰。法則旣授衣付何人。師曰。昔達磨初至人未知信。故傳衣以明得法。今信心已熟。衣乃爭端止於汝身不復傳也。且當遠隱俟時行化。所謂授衣之人命如懸絲也。

혜능 행자가 물었다.

"응당 어느 곳에 은거해야 합니까?"

"회(懷)를 만나면 그치고 회(會)를 만나면 숨어라."

혜능이 발 앞에 절을 하고 옷을 받들고 물러가서 그날 밤으로 남쪽을 향해 떠났으나 대중이 아무도 알지 못하였다.

홍인 대사가 이로부터 다시는 법당에 오르지 않자, 3일 만에 대중이 의심이 나서 물으니 대사가 말하였다.

"나의 도는 떠났다. 더 이상 물을 필요가 없다."

다시 물었다.

"옷과 법은 누구에게 전하셨습니까?"

대사가 말하였다.

"능이라는 이가 얻었다."

이때에 대중은 노행자의 이름이 능임을 생각해내고 그를 찾아보았으나 이미 없었다. 그가 받은 것이 분명한 줄 알게 되자 모두가 뒤를 쫓았다.

能曰。當隱何所。師曰。逢懷即止。遇會且藏。能禮足已捧衣而出。是夜南邁大眾莫知。忍大師自此不復上堂。凡三日。大眾疑怪致問。祖曰。吾道行矣。何更詢之。復問。衣法誰得耶。師曰。能者得。於是眾議盧行者名能。尋訪既失。懸知彼得即共奔逐。

홍인 대사가 옷과 법을 전한 뒤 4년이 지나 상원(上元) 2년[63]에 이르러 홀연히 대중에게 말하였다.

"내가 지금 일을 다 마쳤으니 갈 때가 되었다."

곧 방에 들어가서 단정히 앉아 떠나니, 수명은 74세였다. 황매현 동쪽 산에 탑을 세우니 대종(代宗)이 대만 선사(大滿禪師)라 시호를 내리고 탑호는 법우(法雨)라 하였다.

대사가 열반에 드신 해로부터 송의 경덕 원년 갑진년까지는 330년이 된다.

忍大師既付衣法。復經四載。至上元二年(乙亥歲乃唐高宗時也。至肅宗時復有上元年號。其二年歲在辛丑也)。忽告眾曰。吾今事畢時可行矣。即入室安坐而逝。壽七十有四。建塔於黃梅之東山。代宗皇帝諡大滿禪師法雨之塔。自大師滅度至皇宋景德元年甲辰。凡三百三十年。

63) 을해년은 당 고종 때이다. 당 숙종 시대에 또 상원(上元)이라는 연호가 있었다. 그 상원 2년은 신축년이다. (원주)

토끼뿔

정 있어 종자를 내림에
바탕 인해 결과 내어 영위하나
정 없으면 종자도 없어서
성품에 없는 바라 남도 없네

위의 전법게를 모두 읽고 이르노라.
옳기는 심히 옳으나 방편에 다하지 못했음을 어쩌랴.

한편의 흰구름은 날으는 백학이고
한강의 유선은 떠가는 빌딩이며

서울 둘레 여름산은 짙푸른 원상이고
구름 걷힌 창공은 한없이 뚫렸으며

물가의 실버들은 취한 듯 춤을 추고
그 속의 새들 노래 저리도 흥겹구나

색 인 표

색 인 표

색 인 표

색 인 표

색 인 표

색 인 표

부록은 농선 대원 선사님의 인가 내력과 법어 그리고 대원 선사님께서 직접 작사하신 노래 가사를 실었다. 특히 요즘 선지식 없이 공부하는 이들을 위하여 수행의 길로부터 불보살님의 누림까지 닦아 증득할 수 있도록 '부록4'에 '가슴으로 부르는 불심의 노래' 가사를 담았으니 끝까지 정독하여 수행의 요긴한 지침이 되기를 바란다.

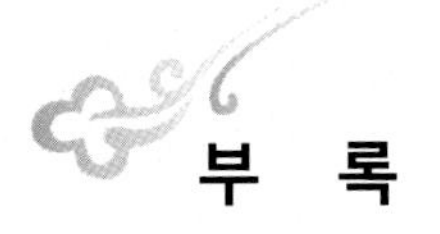

부 록

농선 대원 선사님 인가 내력

제 1 오도송

이 몸을 끄는 놈 이 무슨 물건인가?
골똘히 생각한 지 서너 해 되던 때에
쉬이하고 불어온 솔바람 한 소리에
홀연히 대장부의 큰 일을 마치었네

무엇이 하늘이고 무엇이 땅이런가
이 몸이 청정하여 이러-히 가없어라
안팎 중간 없는 데서 이러-히 응하니
취하고 버림이란 애당초 없다네

하루 온종일 시간이 다하도록
헤아리고 분별한 그 모든 생각들이
옛 부처 나기 전의 오묘한 소식임을
듣고서 의심 않고 믿을 이 누구인가!

此身運轉是何物
疑端汨沒三夏來
松頭吹風其一聲
忽然大事一時了

何謂青天何謂地
當體淸淨無邊外
無內外中應如是
小分取捨全然無

一日於十有二時
悉皆思量之分別
古佛未生前消息
聞者卽信不疑誰

대원 선사님의 스승이신 불조정맥 제77조 조계종(曹溪宗) 전강(田岡) 대선사님께서 1962년 대구 동화사의 조실로 계실 당시 대원 선사님께서도 동화사에 함께 머무르고 계셨다.

하루는 전강 대선사님께서 대원 선사님의 3연으로 되어 있는 제1오도송을 들어 깨달은 바는 분명하나 대개 오도송은 짧게 짓는다고 말씀하셨다. 이에 대원 선사님께서는 제1오도송을 읊은 뒤, 도솔암을 떠나 김제들을 지나다가 석양의 해와 달을 보고 문득 읊었던 제2오도송을 일러드렸다.

제 2 오도송

해는 서산 달은 동산 덩실하게 얹혀 있고
김제의 평야에는 가을빛이 가득하네
대천이란 이름자도 서지를 못하는데
석양의 마을길엔 사람들 오고 가네

日月兩嶺載同模
金提平野滿秋色
不立大千之名字
夕陽道路人去來

제2오도송을 들으신 전강 대선사님께서는 이에 그치지 않고 그와 같은 경지를 담은 게송을 이 자리에서 즉시 한 수 지어볼 수 있겠냐고 하셨다. 대원 선사님께서는 곧바로 다음과 같이 읊으셨다.

바위 위에는 솔바람이 있고
산 아래에는 황조가 날도다

대천도 흔적조차 없는데
달밤에 원숭이가 어지러이 우는구나

岩上在松風
山下飛黃鳥
大千無痕迹
月夜亂猿啼

전강 대선사님께서는 위 송의 앞의 두 구를 들으실 때만 해도 지그시 눈을 감고 계시다가 뒤의 두 구를 마저 채우자 문득 눈을 뜨고 기뻐하는 빛이 역력하셨다.

그러나 전강 대선사님께서는 여기에서도 그치지 않고 다시 한 번 물으셨다.

"대중들이 자네를 산으로 불러내어 그 중에 법성(향곡 스님 법제자인 진제 스님. 동화사 선방에 있을 당시에 '법성'이라 불렸고, 나중에 '법원'으로 개명하였다.)이 달마불식(達磨不識) 도리를 일러보라 했을 때 '드러났다'라고 답했다는데, 만약에 자네가 당시의 양무제였다면 '모르오'라고 이르고 있는 달마 대사에게 어떻게 했겠는가?"

대원 선사님께서 답하셨다.

"제가 양무제였다면 '성인이라 함도 서지 못하나 이러-히 짐의 덕화와 함께 어우러짐이 더욱 좋지 않겠습니까?' 하며 달마 대사의 손을 잡아 일으켰을 것입니다."

전강 대선사님께서 탄복하며 말씀하셨다.

"어느새 그 경지에 이르렀는가?"

"이르렀다곤들 어찌하며, 갖추었다곤들 어찌하며, 본래라곤들 어찌하리까? 오직 이러-할 뿐인데 말입니다."

대원 선사님께서 연이어 말씀하시자 전강 대선사님께서 이에 환희하시니 두 분이 어우러진 자리가 백아가 종자기를 만난 듯, 고수명창 어울리듯 화기애애하셨다.

달마불식 공안에 대한 위의 문답은 내력이 있는 것이다. 전강 대선사님께서 대원선사님을 부르시기 며칠 전에, 저녁 입선 시간 중에 노장님 몇 분만이 자리에 앉아있을 뿐 자리가 텅텅 비어 있었다고 한다.

대원 선사님께서 이상히 여기고 있던 중, 밖에서 한 젊은 수좌가 대원선사님을 불렀다. 그 수좌의 말이 스님들이 모두 윗산에 모여 기다리고 있으니 가자고 하기에 무슨 일인가 하고 따라가셨다.

그러자 그 자리에 있던 법성 스님이 보자마자 달마불식 법문을 들고 이르라고 하기에 지체없이 답하셨다.

"드러났다."

곁에 계시던 송암 스님께서 또 안수정등 법문을 들고 물으셨다.

"여기서 어떻게 살아나겠소?"

대뜸 큰소리로 이르셨다.

"안·수·정·등."

이에 좌우에 모인 스님들이 함구무언(緘口無言)인지라 대원 선사님께서는 먼저 그 자리를 떠나 내려와 버리셨다.

그 다음날 입승인 명허 스님께서 아침 공양이 끝난 자리에서 지난 밤 입선시간 중에 무단으로 자리를 비운 까닭을 묻는 대중 공사를 붙여

산 중에서 있었던 일들이 낱낱이 드러나고 말았다. 그리하여 입선시간 중에 자리를 비운 스님들은 가사 장삼을 수하고 조실인 전강 대선사님께 참회의 절을 했던 일이 있었다.

전강 대선사님께서는 이때에 대원 선사님께서 달마불식 도리에 대해 일렀던 경지를 점검하셨던 것이다.

이런 철저한 검증의 자리가 있었던 다음 날, 전강 대선사님께서 부르시기에 대원 선사님께서 가보니 모든 것이 약조된 데에서 주지인 월산(月山) 스님께서 입회해 계셨으며 전강 대선사님께서는 곧바로 다음과 같이 전법게(傳法偈)를 전해주셨다.

전 법 게

부처와 조사도 일찍이 전한 것이 아니거늘
나 또한 어찌 받았다 하며 준다 할 것인가
이 법이 2천년대에 이르러서
널리 천하 사람을 제도하리라

佛祖未曾傳
我亦何受授
此法二千年
廣度天下人

덧붙여 이 일은 월산 스님이 증인이며 2000년까지 세 사람 모두 절대 다른 사람이 알게 하거나 눈에 띄게 하지 않아야 한다고 당부하셨다.

만약 그러지 않을 시에는 대원 선사님께서 법을 펴 나가는데 장애가 있을 것이라고 예언하셨다. 또한 각별히 신변을 조심하라 하시고 월산 스님에게 명령해 대원선사님을 동화사의 포교당인 보현사에 내려가 교화에 힘쓰게 하셨다.

대원 선사님께서 보현사로 떠나는 날, 전강 대선사님께서는 미리 적어두셨던 부송(付頌)을 주셨으니 다음과 같다.

부 송

어상을 내리지 않고 이러-히 대한다 함이여
뒷날 돌아이가 구멍 없는 피리를 불리니
이로부터 불법이 천하에 가득하리라

不下御床對如是
後日石兒吹無孔
自此佛法滿天下

위의 게송에서 '어상을 내리지 않고 이러-히 대한다 함이여'라는 첫째 줄 역시 내력이 있는 구절이다.

전에 대원 선사님께서 전강 대선사님을 군산 은적사에서 모시고 계실 당시 마당에서 홀연히 마주쳤을 때 다음과 같은 문답이 있었다.

전강 대선사님께서 물으셨다.

"공적(空寂)의 영지(靈知)를 이르게."

대원 선사님께서 대답하셨다.

“이러-히 스님과 대담(對談)합니다.”

“영지의 공적을 이르게.”

“스님과의 대담에 이러-합니다.”

“어떤 것이 이러-히 대담하는 경지인가?”

“명왕(明王)은 어상(御床)을 내리지 않고 천하 일에 밝습니다.”

위와 같은 문답 중에 대원 선사님께서 답하신 경지를 부송의 첫째 줄에 담으신 것이다.

전강 대선사님께서 대원선사님을 인가(印可)하신 과정을 볼 때 한 번, 두 번, 세 번을 확인하여 철저히 점검하신 명안종사의 안목에 탄복하지 않을 수 없으며 이에 끝까지 1초의 머뭇거림도 없이 명철하셨던 대원선사님께 찬탄하지 않을 수 없다.

그리하여 법열로 어우러진 두 분의 자리가 재현된 듯 함께 환희용약하지 않을 수 없다.

이제 전강 대선사님과 약속한 2천년대를 맞이하였으므로 여기에 전법게를 밝힌다.

이로써 경허, 만공, 전강 대선사님으로 내려온 근대 대선지식의 정법의 횃불이 이 시대에 이어져 전강 대선사님의 예언대로 불법이 천하에 가득할 것이다.

농선 대원 선사님 법어

깨달음은 실증실수다. 그러나 지금의 불교가 잘못된 견해와 지식으로 불조의 가르침을 왜곡하고 견성성불 하고자 애쓰는 수행인들을 오히려 길을 잃고 헤매게 하고 있다.

그래서 이 장에서는 대원 선사님의 혜안으로 제방에서 논의되는 불교의 핵심적인 대목을 밝혀, 불조의 근본 종지를 드러내고 불교가 나아가야 할 바를 보였다.

깨달음의 정수를 담은 12게송은 실제 깨닫지 못하고 말로만 깨달음을 말하거나 혹은 깨달았다 해도 보림이 미진한 이들을 경계하게 하며 실증의 바탕에서 닦아 증득할 수 있도록 하였으니, 생사를 결단하고 본연한 참나를 회복하려는 이들에게 칠흑 같은 밤길에 등불과 같은 길잡이가 될 것이다.

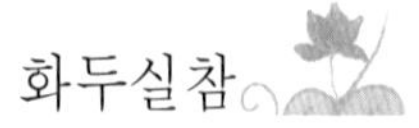

제방의 선방 상황을 보면 목적지에 이르는 길을 몰라 노정길을 묻고 있는 격이다. 무자와 이뭐꼬 화두가 최고라 하면서도 실제 실참을 하지 못하고 있기 때문이다. '이 무엇인고?' 하면서 이 눈으로 보려 한다면 경계 위에서 찾는 것이어서 억만 겁을 두고 찾아도 찾을 수 없다. 그러므로 깨달아 일체종지를 이룬 스승의 분명한 안목의 지도가 없다면 화두를 들든, 관법을 행하든, 염불을 하든 깨달음을 기약한다는 것이 정말 어렵다 할 것이다.

오후보림

설사 깨달음을 성취했다 해도 그것은 공부의 끝이 아니다. 오후보림을 통해 업을 다해야만 육신통을 자재할 수 있게 되는 것이다. 일상에 육신통을 자재하는 구경본분의 경지일 때 비로소 공부를 마쳤다 할 것이다.

개유불성

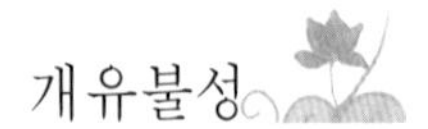

부처님께서 분명히 준동함령 개유불성(蠢動含靈 皆有佛性)이라고 하셨다. 이것은 모든 만물이 다 부처가 될 성품을 갖고 있다는 뜻이다. 불성이 하나라고 주장하는 목소리가 불교계에 드높으나 이것은 개유불성 즉, 낱낱이 제 불성은 제가 지니고 있다는 부처님의 말씀을 정면으로 어기는 말이다.

옛 선사님 말씀에 '천지(天地)가 여아동근(與我同根)이고 만물(万物)이 여아일체(與我一切)'라고 했다. '천지가 여아동근이다' 라는 것은 하늘 땅이 나와 더불어 같은 뿌리라는 말이다.

'나와 더불어'라고 했고 또한 한 뿌리가 아니라 같은 뿌리라고 했다. '더불 여(與)'자와 '같을 동(同)'자가 이미 하나라 할 수 없다는 것을 말해주고 있다. 즉 이 말은 하나와도 같다, 한결같이 똑같다는 말이다. 하나라면 '같을 동'자 뿐만 아니라 일이란 글자도 설 수 없다. 일은 이가 있을 때에야 비로소 설 수 있는 것이다.

그러므로 '천지가 여아동근이다' 즉 하늘과 땅이 나와 더불어 같은 뿌리라는 것은 모든 것이 한결같이 가없는 성품 자체에서 비롯되었다는 말이다.

또한 '만물이 여아일체이다' 즉 만물이 나와 더불어 한 몸이라는 말에서 일체란 하나의 몸을 말하는 것이 아니라 모든 불성이 가없는 성품 자체로 서로 상즉한 온통인 몸을 말하는 것이어서 만물이 나와 더불어 상즉한 자체를 말한 것이다.

공부를 많이 한 사람이 외도에 깊이 떨어지는 경우가 있다. 인가를 받지 못한 선지식들이 모두 체성을 보지 못한 이는 아니다. 가없는 성품 자체에 사무치고 보니 도저히 둘일 수가 없으므로 불성이 하나라고 한 것이다. 그러나 불성이 하나라고 하는 것은 바른 깨달음이 아니다. 그래서 인가를 받지 않으면 외도라 하는 것이다. 체성에 사무쳤다 해도 스승의 지도를 받아 일체종지를 이루지 못하면 이런 큰 허물을 짓는 것이다.

만약 불성이 하나라고 하는 이가 있으면 "아픈 것을 느끼는 것이 몸뚱이냐, 자성이냐?"라고 물어야 한다. 그리면 당연히 누구나 자성이라고 답할 것이다. 만약 몸뚱이가 아픔을 느끼는 것이라면 시체도 아픔을 느껴야 하기 때문이다. 이렇게 볼 때에 자성이 하나라면 누군가 아플 때 동시에 모두 아픔을 느껴야 할 것이다. 또한 한 사람이 생각을 일으킬 때 이를 모두 알아야 한다. 불성이 하나라면 마음도 하나여서 다른 마음이 있을 수 없기 때문이다.

돈오돈수 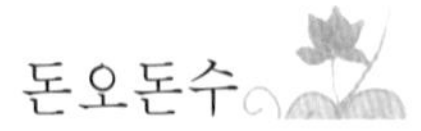

제방에 돈오돈수(頓悟頓修)에 대한 여러 가지 서로 다른 주장으로 시비가 끊어지지 않고 있다. 이로 인해 수행자들이 견성하면 더 이상 닦을 것이 없다는 그릇된 견해에 집착하거나 의심을 일으킬까 염려하여 여기에 바른 돈오돈수의 이치를 밝히고자 한다.

견성이 곧 돈오돈수라고 하는 분들이 많다.

그러나 견성이 곧 구경지인 성불이라면 돈오면 그만이지 돈수란 말은 왜 해놓았겠는가?

또한 오후보림(悟後保任)이라는 말은 무슨 말인가.

금강경에는 네 가지 상(我相, 人相, 衆生相, 壽者相)만 여의면 곧 중생이 아니라는 말이 수없이 되풀이되고 있다.

그런데 제구 일상무상분(第九 一相無相分)을 볼 때 다툼이 없는(곧 모든 상을 여읜) 삼매인(三昧人) 가운데 제일인 아라한도 구경지가 아니니 보살도를 닦아 등각을 거쳐야 구경성불인 묘각지에 이르른다는 사실을 알 수 있다.

또한, 제이십삼 정심행선분(第二十三 淨心行善分)을 보면 부처님께서 "아도 없고, 인도 없고, 중생도 없고, 수자도 없는 가운데 모든 선법(善法)을 닦아야 곧 아뇩다라삼먁삼보리를 얻는다."라고 말씀하시고 있으니 이것은 다름이 아니라 견성한 후에 견성을 한 지혜로써 항상 체성을 여의지 않고, 남은 업을 모두 닦아 본래 갖춘 지혜덕상을 원만하게 회복시켜야 구경성불할 수 있다는 말씀이다.

그렇다면 어째서 돈수일까?

'돈'이란 시공이 설 수 없는 찰나요, '수'란 시간과 공간 속에서 닦는 것이다.

단박에 마친다면 '돈'이면 그만이고, 견성 이전이든 이후든 닦음이 있다면 '수'라고만 할 것이지 어째서 돈과 수가 함께 할 수 있을까? 그야말로 물의 차고 더움은 그 물을 마셔본 자만이 알듯이 깨달은 사람만이 알 것이다.

사무쳐 깨닫고 보니 시공이 서지 않아 이러-히 닦아도 닦음이 없으니 네 가지 상이 없는 가운데 모든 선법을 닦는 것이요, 단박에 깨달으니 색공(色空)이 설 수 없어 이러-한 경지에서 닦음 없이 닦으니 네 가지 상이 없는 가운데 모든 선법을 닦는 것이다.

이와 같이 깨달아서 깨달은 바 없고, 닦아서는 닦은 바 없이 닦아, 남음이 없는 구경지인 성불에 이르는 과정을 돈오돈수라 한다.

견성하면 마음 이외의 다른 물건이 없는 경지인데 어떻게 닦음이 있을 수 있는가 하고 의심하는 분들이 많다. 그러나 견성했다 해도 헤아릴 수 없는 겁 동안에 길들여온 업으로 인하여 경계를 대하면 깨달아 사무친 바와 늘 일치하지는 못한다.

그래서 견성한 지혜로써 항상 체성을 여의지 않고 억겁에 익혀온 업을 제거하고 지혜 덕상을 원만하게 회복시켜야 구경성불할 수 있다.

이것이 앞에서 밝혔듯 금강경에서 부처님께서 하신 말씀이요, 돈오돈수를 주창한 당사자인 육조 대사님께서 하신 말씀이다.

육조단경 돈황본 이십칠 상대법편과 이십팔 참됨과 거짓을 보면 육조 대사님께서 당신의 설법언하에 대오하고도 슬하에서 3, 40년간 보림한 십대 제자들을 모아놓고 말씀하신다.

"내가 떠난 뒤에 너희들은 각각 일방의 지도자가 될 것이다. 그러므로 내가 너희들에게 설법하는 것을 가르쳐서 근본종지를 잃지 않도록 해주리라. 나오고 들어감에 곧 양변을 여의도록 하라." 하시고 삼과(三科)의 법문과 삼십육대법(三十六對法)을 설하셨다.

뿐만 아니라 2, 3개월 후 다시 십대 제자들을 모아놓고 "8월이 되면 세상을 떠나고자 하니 너희들은 의심이 있거든 빨리 물어라. 내가 떠난 뒤에는 너희들을 가르쳐 줄 사람이 없다." 하시며 진가동정게(眞假動靜偈)를 설하시고 외워 가져 수행하여 종지를 잃지 않도록 하라고 거듭 당부를 하시고 있다.

이것을 보아서도 이 사람이 말한 돈오돈수와 육조 대사께서 말씀하신 돈오돈수가 같다는 것을 알 수 있을 것이다.

다시 한 번 밝히자면 돈오란 자신의 체성을 단박에 깨닫는 것이요, 돈수란 깨달은 체성의 지혜로써 닦음 없이 닦는 것으로 이것이 곧 오후 보림이며, 수행자들이 퇴전하지 않고 구경성불할 수 있는 바른 수행의 길이다.

다음은 전등록 제 9권에서 추출한 것이다.

"돈오(頓悟)한 사람도 닦아야 합니까?"

"만일 참되게 깨달아 근본을 얻으면 그대가 스스로 알게 될 것이니 닦는다, 닦지 않는다 하는 것은 두 가지의 말일 뿐이다. 처음으로 발심한 사람들이 비록 인연에 따라 한 생각에 본래의 이치를 단박에 깨달았으나 아직도 비롯함이 없는 여러 겁의 습기(習氣)는 단박에 없어지지 않으므로, 그것을 깨끗이 하기 위하여 현재의 업과 의식의 흐름을 차츰차츰 없애야 하나니 이것이 닦는 것이다. 그것에 따로이 수행하게 하는 법이 있다고 말하지 마라.

들음으로 진리에 들고, 진리를 듣고 묘함이 깊어지면 마음이 스스로 두렷이 밝아져서 미혹한 경지에 머무르지 않으리라. 비록 백천 가지 묘한 이치로써 당대를 휩쓴다 하여도 이는 자리에 앉아서 옷을 입었다가 다시 벗는 것으로써 살림을 삼는 것이니, 요약해서 말하면 실제 진리의 바탕에는 한 티끌도 받아들이지 않지만 만행을 닦는 부문에서는 한 법도 버리지 않느니라. 만일 깨달았다는 생각마저 단번에 자르면 범부니 성인이니 하는 생각이 다하여, 참되고 항상한 본체가 드러나 진리와 현실이 둘이 아니어서 여여한 부처이니라."

"무엇이 돈오(頓悟)이며, 무엇을 점수(漸修)라 합니까?"

"자기의 성품이 부처와 똑같다는 것은 단박에 깨달았으나 비롯함이 없는 옛적부터의 습관은 단박에 제거할 수 없으므로 차츰 물리쳐서 성품에 따라 작용을 일으켜야 하니, 마치 사람이 밥을 먹을 때에 첫술에 배가 부르지 않는 것과 같다."

간화선인가 묵조선인가

나에게 "당신의 지도는 간화입니까, 묵조입니까?"라고 묻는 이들이 있다. 나의 지도법에는 애당초부터 간화니 묵조니 하는 것이 없다. 가없는 성품 자체로 일상을 지어가라는 말이 바로 그것을 대변해주고 있다. 묵조선과 간화선이 나뉜 것은 육조 대사 이후여서 육조 대사 당시까지만 해도 묵조선이니, 간화선이니 하여 나누지 않았다. 나는 육조 대사 당시의 법을 그대로 펴고 있는 것이다.

묵조선과 간화선은 원래 종파가 아니다. 지도받는 이의 근기에 따라 지도한 방편일 뿐이다. 들뜬 생각과 분별망상에서 이끌어내기 위한 방편으로 지도한 것이 묵조선이다. 그렇게 이끌어서 깨달아 사무치면 깨달아 사무친 경지가 일상이 되게끔 다시 이끌어 주어야 하는 것이다.

달마 대사를 묵조선이라고 하는데 중국에 오기 전 달마 대사가 육파외도(六派外道)를 조복시키는 대목을 보면 달마 대사가 묵조선이 아니라는 것이 역력히 드러난다.

다만 황제가 법문을 할 정도였던 그 시대의 교리 위주의 이론불교를 근본불교에 이르게 하기 위한 방편으로 "밖으로 반연하여 일으키는 모든 생각을 쉬고 안으로 구하는 마음마저 쉬어라."라고 가르친 것이다. 간화선도 마찬가지여서 화두라는 용광로에 일체 분별망상을 녹여 없앰으로써 밖으로 반연하여 일으키는 모든 생각을 쉬고, 안으로 구하는 마음마저 쉬게 하여 깨닫게끔 한 것이다.

즉 화두를 들어도 이런 경지에 이르러야 깨달을 수 있는 것이다. 오롯이 끊어지지 않게 화두를 들어서 오직 이러한 경지에 이르러 있다가 어떤 경계에 문득 부딪힘으로써 깨닫게 된다. 결국에는 화두인 모든 공안도리 역시 사무쳐 깨닫게 하기 위한 방편이다.

그러므로 수기설법(隨機說法)하고 응병여약(應病與藥)해야 한다. 나 역시 제자가 이러한 경지에 사무쳐 깨닫게끔 하지만, 이미 사무친 연후에는 가없는 성품 자체에 머물러 있으려고만 하지 말고, 그 경지에서 응하여 모자람 없도록 지어나가야 한다고 지도한다.

묵조나 일행삼매(一行三昧), 어느 쪽도 모든 이에게 정해 놓고 일정하게 주어서는 바른 지도가 될 수 없는 것이다. 내가 앉아서 선화할 때에는 오직 심외무물의 경지만 오롯하게끔 지으라고 지도하는 것은 어떻게 보면 묵조선이다. 그것이 가장 빨리 업을 녹이는 방법이기 때문에 그렇게 지도하는 것이다.

그러나 활동할 때는 가없는 성품 자체로 일상을 지어 가라고 지도했으니 이것은 곧 일행삼매에 이르도록 지도한 것이다. 안팎 없는 경지를 여의지 않는 것이 삼매이니, 일상생활 속에서 여의지 않는 가운데 보고 듣고, 보고 듣되 여의지 않는 그것이 일행삼매이다.

그렇다면 나는 한 사람에게 묵조선과 일행삼매를 다 가르치고 있는 것이 된다. 묵조선이라고 했지만 앉아서는 생사해탈을 위한 멸진정을 익히도록 하고, 그 외에는 다 일행삼매를 짓도록 지도하고 있는 것이어서 한편으로 멸진정을 익히는 가운데 조사선을 짓고 있는 것이다.

어떠한 약도 쓰이는 곳에 따라 좋은 약이 되기도 하고 사약이 되기도 한다. 스승이 진정 자유자재해서 제자가 머물러 있는 부분을 틔워주는 지도를 할 때 그것이 약이 되는 것이다.

그러므로 '나는 간화선만을 가르친다.' 그렇게 지도해서는 안 된다. 부처님께서도 수기설법하라 하셨다. 병을 치료해 주는 것이 약이듯 그 기틀에 맞게끔 설해 주는 것이 참 법이다.

무유정법(無有定法)이라 하지 않았는가. 그 사람의 바탕과 익힌 업력과 현재의 경지 등 모든 것을 참작해서 거기에 알맞게 베풀어 주어야 한다.

부처님의 경을 마가 설하면 마설이 되고, 마경을 부처님께서 설하시면 진리의 경전이 된다는 것도 바로 이런 데에서 하신 말씀이다.

어느 한 종에만 편승하면 안 된다. 우리는 이 속에 오종칠가(五宗七家)의 법을 다 수용해야 된다. 어느 한 법도 버릴 수 없다. 모든 근기에 알맞도록 설해 주고 이끌어 줄 수 있어야 하기 때문이다.

그래서 다만 응하여 모자람이 없이 병에 의하여 약을 줄 뿐, 정해진 법이 없어서 어느 한 법도 따로 취함이 없어야 하는 것이다.

육조 대사께 행창이 찾아와 부처님 열반경 중에서 유상(有常)과 무상(無常)을 가지고 물었을 때 행창이 무상이라 하면 육조 대사는 유상이라 하고, 행창이 유상이라 하면 육조 대사는 무상이라 했다. 왜냐하면 원래부터 무상이니 유상이니가 있을 수 없어서, 부처님께서는 다만 유상이라는 집착을 벗어나게 하기 위해 무상을 말씀하시고, 무상이라는 집착을 벗어나게 하기 위해 유상을 말씀하셨을 뿐이거늘, 행창은 열반경의 이 말씀에 묶여 있었기 때문이다.

육조 대사가 이러한 이치에 대해서 설하자 행창이 곧 깨닫고 오도송을 지어 바쳤다.

이렇게 수기설법할 때 불법이다. 수기설법하지 못하면 임제종보다 더한 것이라 해도 불법일 수 없다.

각각 사람의 근기가 다른데 어떻게 천편일률적인 방법으로 똑같이 교화할 수 있겠는가.

불교 종단은 깨달은 분에 의해 운영되어야 한다 

불교 정상의 지도자는 깨달아 일체종지를 이룬 분으로서, 어떤 이보다도 그 통달한 지혜와 덕과 복을 갖춤이 뛰어나고, 멀리 앞을 내다보는 안목을 지니고 있어야 한다. 그리고 불교 종단은 그분의 말이 법이 되어야 하고, 그분의 지시에 의해 운영되어야 한다.

당연하게 여겨져야 할 이 일이 새삼스러운 일로 여겨지는 것이야말로 크게 개탄해야 될 오늘날 불교계의 현실이다. 왜냐하면 이 일이 새삼스러워진 것만큼 부처님 당시의 법에서 그만큼 멀어졌다는 것을 의미하기 때문이다.

석가모니 부처님 생전에는 부처님 말씀 그대로가 법이었다. 그리고 부처님은 깨달음을 제1의 법으로 두셨다. 그렇기 때문에 부처님의 모든 법문을 가장 많이 알고 있는 다문제일 아난존자가 깨닫지 못했다는 이유로 부처님 열반 후, 제1차 경전 결집에 참여할 수 없었던 것이다.

이변인 법에 있어서 뿐만 아니라 사변인 승단의 행정에 있어서도 마찬가지였다. 계율을 정하고, 대중을 통솔하고, 승단을 운영하는 일까지 부처님께서 직접 지시하셨다.

모든 제자들은 부처님의 말씀을 따라 그 지시대로 한 마음, 한 뜻으로 부처님의 손발이 되었을 뿐이다. 부처님의 지시야말로 과거, 현재,

미래를 내다보는 안목의 가장 이상적인 행정이었기 때문이다.

우리나라 역시 근대에만 해도 깨달아 법력을 지닌 분이 종정을 지내셨을 때에는 그분의 말씀이 법이었고, 인가 받은 분들이 종회에 계실 때에는 그분들의 말씀을 받들어 종단의 행정이 운영되었다.

하동산 선사나 금오 선사, 효봉 선사 같은 분들이 종정이셨던 1950~60년대까지도 그러하였으니, 종정이 종단 전체의 주요 안건을 결정하는 결정권을 가지고 있었다.

종회 역시 혜암 스님, 금오 스님, 춘성 스님, 청담 스님 등 만공 선사 회상에서 인가 받은 분들이 종회에 계실 때에는 그분들의 뜻에 의거하여 종회 의원들이 승단의 일을 처리하였다.

그러므로 현재에 있어서도 만약 종회에 의해 종단이 운영되어야 한다면, 종회는 깨달아 보림한 분으로 구성되어야 한다. 그러한 종회라면 금상첨화여서 가장 훌륭한 불교 종단 운영이 될 것이다. 그러나 그것이 어려워서 깨달아 보림해서 일체종지를 통달한 분이 종정 한 분이라면, 그 한 분에 의해 모든 통솔이 이루어져야 한다. 만약 깨닫지 못한 분으로 이루어진 종회나 총무원에 의해 종단이 운영된다면, 십중팔구 그것은 진리가 아닌 세속적인 판단으로 흘러가기 때문이다.

이것은 불교 종단뿐만 아니라 한 절에 있어서도 마찬가지이다. 법이 가장 뛰어난 분으로 그 절의 운영이 이루어져야 바른 운영이 이루어진다. 그래서 선을 꽃피웠던 중국에서도 56조 석옥 청공 선사에 이르기까지 대대로 공부가 가장 많이 된 분인 조실이 주지를 겸하여 절 일을 보셨다.

조실과 주지가 다른 분이 아니었으니, 이판과 사판이 나뉘어지지 않았다.

이판을 운용하는 것이 사판이기 때문에, 이판과 사판은 본래 나뉠 수 없는 것이다. 이판에 있어서 깨달은 분이어야 하는 것처럼, 사변을 운용하고 다스리는 사판에 있어서도 다를 수 없다고 본다.

일체유심조, 마음이 세계를 빚어내듯 모든 이치를 운용하는 지혜가 있어야 사변에 있어서도 자유자재의 운영이 가능하기 때문이다.

일체 모든 진리를 설한 경전과 일체 모든 실천규범을 정한 율로 이사일치의 수행을 현실화했던 석가모니 부처님, 무위도식하거나 말로만 떠드는 수행을 경계하여 '일일부작이면 일일불식하라.'는 승가의 규율을 통해 일상 그대로인 선을 꽃피우고자 했던 백장 선사, 생생히 살아 숨쉬는 불법의 역사 어디에도 이판과 사판이 나뉘었던 적은 없었다.

불법은 이름 그대로 부처님의 법이다.

부처님 당시의 법이 오늘에 되살려져, 항상한 이치가 응하여 모자람 없는 다양한 방편으로 변주되어, 만인의 삶이 불법의 가피와 축복 속에 꽃피고 열매 맺을 수 있도록, 불교 종단의 운영은 반드시 깨달아 일체종지를 통달한 분에 의해 이루어져야 한다고 본다.

조계종을 육조정맥종이라고 이름한 이유 

불법이 석가모니 부처님으로부터 28대 달마 대사에 이르러 동토에 전해지고 다시 33조인 육조 대사에 의해 가장 활발하고 왕성한 황금 시대를 이루었다. 그래서 우리나라의 정통 불교 종단에 조계종이라는 이름이 붙여진 것이다. 육조 대사께서 생전에 조계산에 주하셨고, 대부분의 선사들의 호로 계신 곳의 지명이나 산 이름으로 쓰였기 때문이다.

그러므로 조계종의 조계란 육조 대사를 의미하고, 조계종이란 결국 육조 대사의 법을 의미하며 조계종단은 육조 대사의 법을 받아 이어가는 종단이다.

그러나 조계는 육조 대사께서 정식으로 스승에게 받은 호가 아니다. 호는 당호라고도 하는데, 대부분 스승이 제자를 인가하며 주는 것이다. 종사와 법을 거량하여 종사로부터 인가를 받고 입실건당의 전법식을 할 때에 당호와 가사, 장삼, 전법게 등을 받는다. 이때, 위에서 말하였듯 주로 그가 살고 있는 절 이름, 또는 지명, 그가 거처하던 집 등의 이름을 취하여 호로 삼는 경우가 많다. 그런데 육조 대사께서 조계산에 주하시기는 하였으나 스승인 오조 홍인 대사는 육조 대사에게 조계라는 호를 내린 적이 없다. 또 육조 대사 역시 생전에 조계라는 호를 쓴 적이 없다.

대부분의 사전에 육조 대사를 조계 대사라고도 한다고 되어 있는데, 이것은 후대인들이 지어 부른 것이다. 만약 '조계'를 육조 대사를 지칭하는 공식적인 명칭으로 쓴다면 이것은 후대인들이 선대의 대선사의 호를 지어 부르는 격이 되니 참으로 예에 맞지 않다고 할 것이다.

이러한 이유에서 조계종이라는 이름이 불교종단의 정식이름으로 적합하지 않다고 보았고, 또한 육조 대사의 법을 이어받아 바르게 펴는 곳이라는 의미를 담기에 가장 적당하여 육조정맥종이라 이름하였을 뿐, 수덕사 문중 전강 선사님의 인가를 받아 석가모니 부처님으로부터 근대의 대선지식인 경허, 만공, 전강 선사로 이어진 법맥을 이은 이로서 따로이 새로운 종단을 설립한 것이 아니다. 그렇기에 출가함에 있어서 불필요한 논쟁의 소지를 없애기 위해 육조정맥종이라고 이름한 이유와 스스로 한 번도 결제, 해제, 연두법어를 내리지 않았던 까닭이 따로 새로운 종단을 설립한 것이 아니었기 때문이라는 것을 밝히는 바이다.

물 찾은 물고기

물속의 물고기가 물을 찾았을 때 물을 찾기 전과 다르다면 그것은 물 찾은 물고기가 아니다. 물을 찾기 전과 털끝만큼도 다름이 없어야 비로소 물 찾은 물고기라 할 것이다.

사무친 후에 참으로 변한 것이 털끝만큼도 없어야 바로 사무친 것이다. 다만 사무치기 전에는 가없는 자체가 나임을 모르고 그 몸뚱이를 나로 여기고 있었고, 사무친 후에는 가없는 자체가 나임을 깨달았을 뿐 달라진 것이 있을 수 없다.

불법은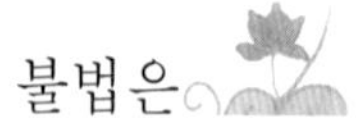

불법은 첫째도, 둘째도, 셋째도 상(相) 없음을 근본으로 한다. 또한, 밖에서 자유와 행복을 구하는 것이 아니라 본래 지닌 스스로의 지혜, 능력을 발현하여 영원한 행복을 누리자는 것이다.

꿈 

꿈도 꿈꿀 능력이 있어서 꿈꾸는 것이다. 꿈이 꿈인 줄 알면 환이 아닌 자성의 능력이라. 그래서 그대로가 화장세계이다.

공부를 힘있게 짓는다는 것

공부를 힘있게 짓는다는 것은 무언가 단단히 쥐고 짓는 것이 아니라 가장 편안한 데서 다 내려놓고 다만 끊어지지 않게끔 유지시키는 것이다. 그것이 가장 힘있고 가장 올바르게 짓는 것이다. 그렇게 지어갈 때 모든 이치가 다 밝아지고 그 안에서 모든 일이 다 이루어진다.

남의 종이 되라

나는 항상 제자들에게 가르치기를, 남의 종이 되겠다는 마음으로 살라고 한다. 남의 종이 되겠다고 마음 먹는 순간 안팎의 모든 마(魔)는 저절로 소멸된다. 아상이 없다면 사상(四相)이 있을 수 없고 사상 없는 가운데 남의 종이 되겠다는 하심과 자비심이면 어디에도 걸림이나 막힘이 없어 응하여 모자람이 없을 것이다.

신심

간절한 신심은 법을 바르게 아는 데에서 저절로 이루어진다. 깨달아 사무친 경지에 대한 확신은 최고의 신심이다. 나 자체가 그 신(信)이요, 신 자체가 바로 나 자체여서 신심명의 마지막 구절처럼 둘 아닌 신심으로 충만할 때 발심 역시 둘 아닌 가운데 한결같을 것이다.

이러한 신심과 발심은 성불지까지 이르게 하는 가장 큰 힘, 추진력이다. 깨닫지 못한 분에게 있어서는 불법에 대한 신심, 불보살님에 대한 신심, 선지식에 대한 신심, 불도를 닦는 일과 수행자들에 대한 신심이 깨달음에 이르는 힘이 된다 할 것이다.

오분향례 

예불문 중 계향 · 정향 · 혜향 · 해탈향 · 해탈지견향을 오분향이라고 한다. 이 오분향을 공양하고 예를 올리는 것을 오분향례(五分香禮)라 부른다.

계향(戒香)은 마음에 그릇됨이 없는 것이다.
어떤 것이 마음에 그릇됨이 없는 것인가?
본성품을 여의지 않는 것이
곧 마음에 그릇됨이 없는 것이다.

정향(定香)은 본성품을 여의지 않아
경계에 흔들림이 없는 것이다.

혜향(慧香)은 계와 정을 갖추어서
어리석지 않은 것이다.

해탈향(解脫香)은 계와 정을 갖추어
어리석지 않아서
이러-히 모든 속박에서 벗어난 것이다.

해탈지견향(解脫知見香)은 본래 이러-해서
속박에서 벗어났다는 생각조차 없이
영위하는 것이다.

그러할 때 광명운대, 즉 온통 나 하나인 데에서 성성하고 활달한 그 자체여서 주변법계 이 광명이 삼천대천세계에 가득한 것이다

이러-한 마음으로 삼세 모든 불보살을 공경하는 마음으로 예를 할 때 참다운 예불이 되고 삼천대천세계의 모든 부처님께 공양이 된다.

상즉

모든 불성이 근본에 있어서 하나인 양 나뉨이 없는 것을 상즉이라 한다.

안팎이 없는 체성에 사무친 이 가운데 어떻게 가없는 이 가운데에서 내 불성, 네 불성이 있느냐고 하는 이가 있다. 이 선실에 수없는 연등불이 켜져 있는데 방 안에서 각각의 불빛을 가려낼 수는 없다. 그러나 한 등 끄면 끈 만큼, 켜면 켠 만큼 어두워지고 밝아진다. 이것이 각각의 등불빛을 가려낼 수는 없으나 제구실은 제각기 하고 있다는 증거이다. 이 방의 여러분들도 이와 같이 각각 심외무물의 경지에 사무쳐 변만해 있으나 서로간에 걸리고 장애됨이 없는 가운데 상즉해 있다.

우리의 불성은 등불과도 또 다르다. 등은 매달린 자리라도 따로 있지만 체성은 있는 자리도 따로 없이, 각각 제 구실을 제각기 하되 서로 걸림 없이 자유자재하다. 이것을 일러 불가사의한 묘유(妙有)의 세계라 하는 것이다. 여러분이 이 법문을 들으면서 수용하고 생각하는 것이 각각 서로 다른 가운데, 모두 안팎 없는 경지에 사무쳐 있지 않은가. 또한 그 가운데 걸림이 없지 않은가.

마음으로 살기 운동

인류 모두에게 당면한 일을
마음이 내가 된 삶으로 극복합시다
온 누리의 영장인 인류여
마음이 나인 삶을 살아야만이
그 어떤 극한의 재난 속에서도
영원한 삶 속에 참된 행복을 누릴 수가 있습니다
인류여, 마음이 나인 삶으로 전환해야만 합니다
우리 모두 마음이 내가 된 삶을 삽시다
'마음으로 살기 운동'을 전개합시다

자경(自警)

자경이란 마음이나 행동을 스스로 경계하여 주의하는 것이다.

최고의 스승은 자기 자신에게 있다. 자경이야말로 최고의 스승이 아닐 수 없다. '과연 이 순간에 생사의 기로에 놓인다면 스스로 호흡을 거두기를 뜻대로 자재할 수 있는가' 언제나 이렇게 비추어본다면, 깨달은 이라 해도 생사대사의 일을 마치는 날까지 머무를 수 없을 것이다.

보살행

자리이타의 보살행은 특별한 분만이 할 수 있는 것이 아니다. 수행자라면 누구나 자기 분상에서 한 걸음 더 나아가 베푸는 보살행이 있어야 한다. 이것이 부처님께서 말씀하시는 대승, 최상승의 길이다. 한시도 머물지 말고 항상 움직여 써서 만인과 만물을 이롭게 하라.

희비송(喜悲頌)

이름도 없고 상도 없는 일 없는 사람이
태평의 노래를 흥에 취해 불렀더니
때도 없고 끝도 없는 구제의 일이
대천세계에 충만히 펼쳐졌네

無名無相無事人
太平之歌唱興醉
無時無端救濟事
大千世界布充滿

정신송(正信頌)

이름도 없고 상도 없는 이 바탕인 몸이여
이 바탕을 깨달은 믿음이라야 바른 믿음이라
이와 같은 믿음이 없이는 마음이 나라 말라
눈 광명이 땅에 떨어질 때 한이 만단이나 되리라

無名無相是地體
悟地之信是正信
若無是信莫心我
眼光落地恨萬端

진심송(眞心頌)

이름도 없고 상도 없는 이 진공이여
공이라는 공은 공이라 함마저도 없는 참 바탕이라
이와 같은 바탕이라야 이 공인 몸이니
이와 같은 몸이 아니면 참다운 마음이 아니니라

無名無相是眞空
空空無空是眞地
如是之地是空體
如是非體非眞心

업신송(業身頌)

업의 몸이란 것은 고통의 근본이요
업의 마음이란 것은 환란의 근본이니라
업의 행이란 것은 다툼의 근본이요
업의 일이란 것은 허망의 근본이니라

業身乃苦痛之本
業心乃患亂之本
業行乃鬪爭之本
業事乃虛妄之本

보림송(保任頌) 1

업의 몸을 다스리는 데는 계행이 최상이요
업의 마음을 다스리는 데는 인내가 최상이니라
계행과 인내로 잘 다스리면 보림이 순조롭고
보림이 잘 이루어지면 구경에 이르느니라

治業身之戒最上
治業心之忍最上
善治戒忍順保任
善成保任至究竟

보림송(保任頌) 2

육신의 욕망은 하나까지라도 모두 버려야 하고
육신을 향한 생각은 남음이 없이 버려야 하느니라
이와 같이 보림하면 업이 중한 사람일지라도
당생에 반드시 구경지를 성취하리라

肉身欲望捨都一
肉身向思捨無餘
如是保任重業人
當生必成究竟地

공성본질송(空性本質頌) 1

무극인 빈 성품의 본래 몸은
언어나 마음과 행위로 표현 못 하나
모든 부처님과 만물이 이로 좇아 생겼으며
궁극에는 일체가 돌아가 의지할 곳이니라

無極空性之本體
言語道斷滅心行
諸佛萬物從此生
窮極一切歸依處

공성본질송(空性本質頌) 2

혼연한 빈 바탕을 이름해서 무아라 하고
무아의 다른 이름이 이 무극이니라
유정 무정이 이로 좇아 생겼으며
궁극에는 일체가 돌아가 의지할 곳이니라

渾然空地名無我
無我異名是無極
有情無情從此生
窮極一切歸依處

공성본질송(空性本質頌) 3

이러-히 밝게 사무친 것을 이름해서 견성이라 하고
이 바탕에 밝게 사무쳐야 바르게 깨달은 사람이니
도를 닦는 사람은 반드시 명심해서
각자 관조하여 그릇 깨달음이 없어야 하느니라

如是明徹名見性
是地明徹正悟人
修道之人必銘心
各者觀照無非悟

명정오송(明正悟頌)

밝지도 어둡지도 않은 곳을 향해서
그윽한 본래의 바탕에 합하여야
이것을 진실한 깨달음이라 하는 것이니
그렇지 않다면 바른 깨달음이 아니니라

向不明暗處
冥合本來地
此是眞實悟
不然非正悟

무아송(無我頌)

중생들이 말하는 무아라는 것은
변하고 달라지는 나를 말하는 것이요
깨달은 사람의 무아는
변하지 않는 나를 말하는 것이다

衆生之無我
變異之言我
悟人之無我
不變之言我

태시송(太始頌)

탐착한 묘한 광명에 합한 것이 상을 이루었고
상에 집착하여 사는데서 익힌 것이 모든 업을 이루었다
업을 인해서 만반상이 생겨 나왔으며
만상으로 해서 만반법이 생겨 나왔다

貪着妙光合成相
執相生習成諸業
因業生出萬般象
萬象生出萬般法

21세기에 인류가 해야 할 일

이 사람은 1962년 26세 때부터 21세기에 인류에게 닥칠 공해문제, 에너지문제를 예견하고 대체에너지(무한원동기, 태양력, 파력, 풍력 등) 개발과 '울 안의 농법'을 연구하고 그 필요성을 많은 이들에게 이야기해 왔습니다.

당시에는 너무 시대를 앞서가는 이야기여서인지 일반인들이 수용하지 못하고 오히려 불신의 눈으로 바라보며 이 사람의 법마저 의심하였습니다. 하지만 현대에 있어서는 이것이 인류가 해결해야 할 가장 절박한 사안이 되어 있습니다.

'사막화방지 국제연대'를 설립한 것도 현재 인류가 해결해야 할 가장 절박한 지구환경문제를 이슈화시키고 그 해결책을 제시하여 재앙에 직면한 지구촌을 살리기 위해서입니다.

'사막화방지 국제연대'에서 추진하고 있는 사막화 방지, 지구 초원

화, 대체에너지 개발은 온 인류가 발 벗고 나서서 해야 할 일입니다.

첫 번째 사막화 방지에 있어서 기존에 해왔던 '나무심기 사업'은 천문학적인 예산과 많은 인력을 동원하고도 극도로 황폐한 사막화된 환경을 되살리는 데 실패하였습니다.

그래서 이 사람은 사막화 방지에 있어서는 '사막 해수로 사업'을 새로운 방안으로 제시하였습니다.

사막 해수로 사업은 사막화된 지역에 수도관을 매설하여 바닷물을 끌어들여서 염분에 강한 식물을 중심으로 자연생태계를 복원하는 사업입니다.

이것은 나무심기 사업으로 심은 나무들이 절대적으로 물이 부족하여 생존할 수 없었던 문제를 해결할 수 있는, 현재로서는 유일한 해결책입니다.

그러나 '사막화방지 국제연대'의 목적은 사막이 확장되는 것을 방지하자는 것이지 사막 전체를 완전히 없애자는 것은 아닙니다. 인체에서 심장이 모든 피를 전신의 구석구석까지 골고루 보내어 살아서 활동하게 하듯이 사막은 오히려 지구의 심장 역할을 하는 중요한 곳이기 때문입니다.

그래서 21세기에 있어서는 다만 사막의 확장을 방지할 뿐 아니라 사막을 어떻게 운용하느냐를 연구해야 합니다.

사막에 바둑판처럼 사방이 막힌 플륨관 수로를 설치하여 동, 서, 남, 북 어느 방향의 수로를 얼마만큼 채우느냐 비우느냐에 따라, 사막으로부터 사방 어느 방향으로든 거리까지 조절하여, 원하는 지역에 비를 내리게 하고 그치게 할 수 있습니다. 철저히 과학적인 데이터에 의해 이렇게 사막을 운용함으로써 21세기의 지구를 풍요로운 낙원시대로 만들어가야 합니다.

두 번째로 지구를 초원화할 수 있는 방안으로 3년간의 실험을 통해, 광활한 황무지 지역을 큰 비용을 들이거나 많은 인력을 동원하지 않고도 짧은 시간 내에 초지로 바꿀 수 있는 식물을 찾아냈습니다.

그것은 바로 '돌나물'입니다. 돌나물은 따로 종자를 심을 필요가 없이 헬리콥터나 비행기로 살포해도 생존, 번식할 수 있으며, 추위와 더위, 황폐한 땅에서도 살아남을 수 있는 생명력과 번식력이 강한 식물입니다.

지구환경을 되살리는 초지조성 사업에 있어서 이것이 큰 도움이 되리라 생각합니다.

세 번째의 대체에너지 개발에 있어서는 태양력, 파력, 풍력 등 1962년도부터 이 사람이 연구하고 얘기해왔던 방법들이 이미 많이 개발되어 실용화한 단계에 있습니다.

이 세 가지 일은 한 개인이나 한 국가가 할 수 있는 일이 아닙니다. 모든 국가가 앞장서서 전세계적인 사업으로 이루어져야 합니다. 모든 국가가 함께 하는 기금조성이 이루어져야 하고 기금조성에 참여한 국가는 이 시스템에 의한 전면적인 혜택을 입을 수 있도록 해야 합니다.

인류 모두가 지혜를 모아 이 일에 전력을 다한다면 인류는 유사 이래 가장 좋은 시절을 맞이하게 될 것이며, 만약 이 일을 남의 일인 양 외면한다면 극한의 재앙을 면할 수 없을 것입니다.

이 사람이 오래 전부터 얘기해왔던 '울 안의 농법'은 이미 미국 라스베이거스(Las Vegas)에서 30층짜리 '고층 빌딩 농장'으로 구현되었습니다. 그렇게 크게도 운영될 수 있지만 각자 자신의 집에서 이루어지는 '울 안의 농법'도 필요합니다.

21세기에 있어서 또 하나 인류가 만일의 사태를 대비해서 연구, 추진해야 될 일이 있다면 바닷속에서의 수중생활, 수중경작입니다.

지구 온난화가 심화될 경우, 공기가 너무 많이 오염될 경우, 바닷물이 높아져 살 땅이 좁아질 경우 등에 대비할 때, 인류는 우주에서의 삶보다는 바닷속에서의 삶을 준비해야 합니다. 왜냐하면 그것이 훨씬 수월하고 비용도 절감할 수 있기 때문입니다.

이렇게 깨달은 이는 이변적으로는 깨달음을 얻게 하여 영생불멸의 삶을 영위할 수 있도록 만인을 이끌어야 하며 사변적으로는 일반인이 예측할 수 없는 백 년, 천 년 앞을 내다보아 이를 미리 앞서 대비하도록 만인의 삶을 이끌어줘야 한다고 생각합니다.

불법의 뜻은 다만 진리 전수에만 있는 것이 아니니, 만인이 서로 함께 영원한 극락을 누릴 때까지 물심양면으로, 이사일여로 베풀어 교화해야 하기 때문입니다.

가슴으로 부르는 불심의 노래

여기에 실린 가사는 모두 농선 대원 선사님께서 직접 작사하신 것이다. 수행의 길로 들어서게끔 신심, 발심을 북돋아주는 가사로부터 수행의 길로 접어든 이의 구도의 몸부림이 담겨있는 가사, 대승의 원력을 발해서 교화하는 보살의 자비심과 함께 낙원세계를 누리는 풍류를 그려놓은 가사까지 한마디, 한마디가 생생하여 그 뜻이 뼛속 깊이 새겨지고 그 멋에 흠뻑 취하게 된다. 농선 대원 선사님께서는 거칠고 말초적인 요즘의 노래를 듣고 이러한 정서를 순화시키고자, 또한 수행의 마음을 진작시키고자 하는 뜻에서 이 가사들을 쓰셨다.

그래야지

1.
마음으로 물질로써
갖가지로 베푸는 것
생활화한 국민되어
이뤄내는 국가되세
그래야지 그래야지
얼씨구나 좀 더 좋다

그런 이웃 그런 나라
이뤄내서 사노라면
모든 나라 따르리니
그리되면 지상낙원
그래야지 그래야지
얼씨구나 좀 더 좋다

별중의 별 될 것이니
선조의 뜻 이룸이라
후손으로 할 일 해낸
자부심이 치솟누나
그래야지 그래야지
얼씨구나 좀 더 좋다

얼씨구야 절씨구야
좀 더 좋고 좀 더 좋다
얼씨구야 절씨구야
좀 더 좋고 좀 더 좋다

아리랑 아리랑 아라리요
아리랑 고개를 넘어간다

2.
그래야지 그래야지
혼자 삶이 아닌 세상
웬만하면 넘어가는
아량으로 살아가세
그래야지 그래야지
얼씨구나 좀 더 좋다

부딪히면 틀어져서
소통의 길 막히나니
그러므로 눈 감아줘
참는 것이 상책일세
그래야지 그래야지
얼씨구나 좀 더 좋다

걸린 생각 비워내서
한결같이 사노라면
복이되어 돌아옴을
실감할 날 있을 걸세
그래야지 그래야지
좀 더 좋고 좀 더 좋다

얼씨구야 절씨구야
좀 더 좋고 좀 더 좋다
얼씨구야 절씨구야
좀 더 좋고 좀 더 좋다

아리랑 아리랑 아라리요
아리랑 고개를 넘어간다

마음

1.
시작도 없는 마음
끝남도 없는 마음

온통으로 드러나
언제나 같이 있어

어떤 것도 가릴 수
전혀 없는 그 마음

고고하고 당당한
영원한 마음일세

아리랑 아리랑 아라리요
아리랑 고개를 넘어간다
청천 하늘에 잔별도 많고
요내 가슴에는 희망도 많다

2.
모두를 마음으로
시도를 뭐든 해봐

안되는 일 없어서
사는 데 불편없고

하고프면 하면 돼
뜻 펼치는 삶이니

즐겁고도 즐거운
누리는 삶이로세

아리랑 아리랑 아라리요
아리랑 고개를 넘어간다
청천 하늘에 잔별도 많고
요내 가슴에는 희망도 많다

사는게 아리랑 고개

1.
이 마음이 내가 되니
나고 죽음 본래 없고
이리 보고 저리 봐도
허공까지 내 몸일세
신기하고 신기하다
신기하고 신기해

이 마음이 내가 되니
안 되는 일 전혀 없어
잡된 생각 사라지고
두려움도 없어졌네
신기하고 신기하다
신기하고 신기해

이 마음이 내가 되니
끝이 없이 자유롭고
잠 못 이룬 괴로움과
공황장애 흔적 없네
신기하고 신기하다
신기하고 신기해

아리랑 아리랑
아라리요
아리랑 고개를 넘어왔다

2.
이 마음이 내가 되니
맘 먹은 일 순조롭고
살아가는 나날들이
마음광명 누림일세
신기하고 신기하다
신기하고 신기해

이 마음이 내가 되니
마음광명 누림이라
나날들이 평화롭고
자신감이 넘쳐나네
신기하고 신기하다
신기하고 신기해

이 마음이 내가 되니
대인관계 순조로와
일일마다 즐거웁고
웃음꽃이 피어나네
신기하고 신기하다
신기하고 신기해

아리랑 아리랑
아라리요
아리랑 고개를 넘어왔다

불보살의 마음

1.
자비, 그 자비는 눈물이었네
불나방이 불을 쫓듯 가는 이
그래도 못 잊어서 버리지 못해
저리는 저리는 가슴, 그 가슴 안고서
눈물, 피눈물로 저리 부르네

2.
자비, 그 자비는 눈물이었네
제 살 길을 저버리는 이들을
그래도 못 잊어서 버리지 못해
저리는 저리는 가슴, 그 가슴 안고서
눈물, 피눈물로 저리 부르네

나의 노래

1.
노세 노세 봄놀이하세
대천세계 이 봄 경치
한산 습득 친구 삼아
호연지기 즐겨볼까
얼씨구나 절씨구
아니나 즐기고 무엇하리

2.
노세 노세 봄놀이하세
걸음 쫓아 이른 곳곳
문수 보현 벗을 삼아
화엄광장 춤춰볼까
얼씨구나 절씨구
아니나 즐기고 무엇하리

평화로운 삶

1.
이 몸을 나로 아는
하나의 실수로서
우주가 생긴 이래

얼마나 많은 고통
겪어들 왔었던가
치떨린 일이로세

뭘 해야 그 반복을
금생에 끊어버려
그 고통 벗어날까

생각코 생각하니
그 해결 내게 있네
마음이 나 된걸세

아리랑 아리랑 아라리요
아리랑 고개를 넘어간다
청천 하늘엔 잔별도 많고
이내 가슴엔 희망도 많다

2.
마음이 내가 되면
그 어떤 것이라도
더 이상 필요찮고

마음이 내가 되면
미묘한 갖은 공덕
스스로 갖춰 있고

마음이 내가 되면
그 모든 근심 걱정
씻은 듯 사라지고

마음이 내가 되면
이 생과 저 세상이
당초에 없는 걸세

아리랑 아리랑 아라리요
아리랑 고개를 넘어간다
청천 하늘엔 잔별도 많고
이내 가슴엔 희망도 많다

3.
마음이 내가 되면
어제와 내일 일을
눈 앞 일 알 듯하고

마음이 내가 되면
신분이 관계 없이
서로가 평등하며

마음이 내가 되면
모든 일 뜻을 따라
원만히 이뤄지고

마음이 내가 되면
걸림이 없는 그 삶
저절로 이뤄지네

아리랑 아리랑 아라리요
아리랑 고개를 넘어간다
청천 하늘엔 잔별도 많고
이내 가슴엔 희망도 많다

그리운 님

환갑 진갑 다 지난 삶 살다보니
석양 노을 바라보다 텅 빈 가슴
외로움에 철이 드나 생각나는
님이시여 이 몸마저 자유롭지
못한 괴롬 닥쳐서야 님의 말씀
들려오는 철없던 삶 후회하며
외쳐 찾는 님이시여 지는 해를
붙들고서 맘이 나된 삶으로써
나고 죽는 모든 고통 없는 삶을
누리라는 그 말씀이 빛이 되어
외쳐지는 님이시여 이제라도
실천 실행 하오리다 이끌어만
주옵소서 님이시여 내 님이여

잘 사는 게 불법일세

1.
잘 사는 게 불법일세
우리 모두 관음보살 지장보살 생활 속에 모시면서
마음 비운 나날들로 바른 삶을 하노라면
불보살님 가피 속에 뜻 이뤄서 꽃을 피운
그런 날이 있을 걸세

2.
잘 사는 게 불법일세
우리 모두 관음보살 지장보살 생활 속에 모시면서
마음 비워 살아가며 시시때때 잊지 않고
참나 찾아 참구하는 그 정성도 함께하면
좋은 소식 있을 걸세

3.
잘 사는 게 불법일세
우리 모두 관음보살 지장보살 생활 속에 모시면서
틈틈으로 회광반조 사색으로 참나 깨쳐
화장세계 장엄하고 얼쉬얼쉬 어울리며
영원토록 웃고 사세

님은 아시리

1 부

1.
사계절의 풍광인들 위로되겠니
서사시의 음률인들 쉬어지겠니
뜻과 같이 되지 않아 기도에 젖은
이 마음 님은 아시리
한 세상 열정 쏟아 닦는 수행길
불보살님 출현하셔 베푼 자비에
모든 망상 모든 번뇌 없었으면 좋으련만
마음대로 안 되는 게 수행이더라, 수행이더라

2.
사계절의 풍광인들 위로되겠니
서사시의 음률인들 쉬어지겠니
뜻과 같이 되지 않아 기도에 젖은
이 마음 님은 아시리
청춘의 모든 욕망 사뤄버리고
회광반조 촌각 아낀 열정 쏟아서
이룬 선정 그 효력이 있었으면 좋으련만
마음대로 안 되는 게 보림이더라, 보림이더라

3.
사계절의 풍광인들 위로되겠니
서사시의 음률인들 쉬어지겠니
뜻과 같이 되지 않아 기도에 젖은
이 마음 님은 아시리
억겁의 모든 습성 꺾어보려고
갖은 노력 갖은 인내 온통 쏟아서
세월 잊은 보림 성취 있었으면 좋으련만
마음대로 안 되는 게 성불이더라, 성불이더라

2 부

1.
사계절의 풍광인들 비유되겠니
가릉빈가 음률인들 비교되겠니
뜻과 같이 자유자재 베풀어놓고
한없이 즐기시련만
그러한 대자유의 삶을 접고서
중생들을 구제하려 삼도에 출현
갖은 역경 어려움을 감내하는 자비로써
깨워주는 그 진리에 눈을 뜨거라, 눈을 뜨거라

2.
사계절의 풍광인들 비유되겠니
가릉빈가 음률인들 비교되겠니
뜻과 같이 자유자재 베풀어놓고
한없이 즐기시련만
억겁을 다하여도 끝이 없을 걸
알면서도 해내겠다 나선 님의 길
가시밭길 험난해도 일관하신 그 자비에
구류중생 깨달아서 정토 이루리, 정토 이루리

3.
사계절의 풍광인들 비유되겠니
가릉빈가 음률인들 비교되겠니
뜻과 같이 자유자재 베풀어놓고
한없이 즐기시련만
낙원의 모든 즐김 떨쳐버리고
삼악도를 낙원으로 이뤄놓겠다
촌각 아낀 그 열정에 모두 모두 감화되어
이 땅 위에 님의 소원 이뤄지리라, 이뤄지리라

선 승

토함산 소나무 위에
달빛도 조는데
단잠을 잊은 채
장승처럼 앉아있는
깊은 밤 선승의
그윽한 눈빛
고요마저 서지
못한 선정이라
대천도 흔적 없고
허공계도 머물 수 없는
수정 같은 광명이여,
화엄의 세계로세

우리 모두

우리 모두 만난 인생 즐겁게 살자
부딪치는 세상만사 웃으며 하자
인연으로 어우러진 세상사이니
풀어가는 삶이어야 하지 않겠니

몸종 노릇 하는 사이 맘 챙겨 살자
맑고 맑은 가을 허공 그렇게 비워
명상으로 정신세계 사무쳐보자
언젠가는 깨쳐 웃는 그날이 오리

한산 습득 껄껄 웃는 그러한 웃음
웃어가며 모든 일을 대하는 날로
활짝 펼쳐 어우러진 그러한 삶을
우리 모두 발원하며 즐겁게 살자

마음이 나로세

본래 마음이 나이건만
몸이 내가 된 삶이 되어
갖은 고통이 따랐다네
이리 쉽고도 쉬운 일을
어찌 등 돌린 삶으로서
고통 속에서 헤매는고

맘이 내가 된 삶으로서
갖은 고통이 없는 삶을
우리 누리고 살아보세
마음 수행을 모두 하여
나고 죽음이 없음으로
태평 세월을 누려보세

거룩한 만남

불법을 만난 건 행운 중 행운이고 내 생의 정점일세
거룩한 이 법을 만나는 사람이면 서로가 권하고 권을 하여
함께 하는 일상의 수행이 되어서 다 같이 누리는 낙원 이뤄
고통과 생사는 오간 데 없고 웃음과 평온만 넘치고 넘쳐
길이길이 끝이 없는 복락 누리세

여래의 큰 은혜 순간인들 잊으랴 수행해 크게 깨쳐
구제를 다함만 큰 은혜 갚음이니 노력과 실천 다해
우리 모두 씩씩한 낙원의 역군이 되어 봉화적인 이생의 삶으로써
최선을 다하여 부끄럼 없는 대장부로, 은혜 갚는 장부로
길이길이 끝이 없는 복락 누리세

사람다운 삶

1.
사람이 사람다운 사람이 되려면
명상으로 비우고 비워서
고요의 극치에 이르러
자신을 발견한 슬기로써
마음을 다스리는 연마 후에
그 능력으로 모두가 살아가야
평화로운 세상이 활짝 열려
모두 함께 누릴 걸세

2.
서로가 다툼 없이 서로를 아껴서
마음으로 베풀고 베푸는
사회로 이루어 간다면
낙원이 멀리만 있는 것이 아니라
살고 있는 이대로가 낙원이란 걸
모두가 실감하는
우리들의 세상이 활짝 열려
모두 함께 누릴 걸세

사는 목적

우리 모두 행복을 찾아 영원을 찾아
내면 향해 비춰보는 명상으로
앉으나 서나 일을 하나 최선을 다하세
하루의 해가 서산을 붉게 물들이고
합장 기도하여 또 다짐과 맹서의 말
뜻 이루어 이 세상의 빛이 돼서
구류를 생사 고해에서 구제하는 사람으로
영원히 영원히 살 것입니다

즐거운 마음

1.
우리 모두 선택받은 제자 되어
즐거운 맘 하나 되어 축하합니다
그 무엇을 이룬들 이리 좋으며
황금보석 선물인들 이만하리까
부처님의 가르침만 따르오리다
실천하리라 실천하리라

2.
부처님의 뒤 이을 걸 맹세하며
다짐으로 즐기는 맘 가득합니다
당당하게 행보하는 구세의 역군
혼신 다해 낙원 이룬 이 세계에서
함께 사는 즐거움을 생각하며
노래합니다 노래합니다

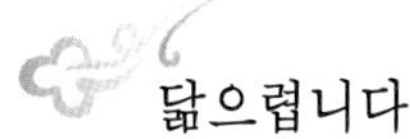

닮으렵니다

관세음보살 관세음보살
지극한 마음으로 닮으려고
오늘도 노력하며 주어진 일을 하면
하루가 훌쩍 가는 줄도 모른다오
관세음 관세음보살
님께서 베푸는 그 넓은 사랑을
이 맘 속에 기르고 길러서
실천하는 그런 장부 되어서
큰 은혜 갚을 겁니다

바른 삶 1

우리 삶을 두고서 허무하다 누가 말했나
본래 마음이 나 아닌가
그 마음 나를 삼아 살면 되지
지금도 늦지 않네 우리 모두
오늘부터 모두들 마음으로 나를 삼아
길이길이 웃고들 사세

바른 삶 2

1.
어디어디 어디라 해도
마음 찾아 바로만 살면
그곳 바로 극락이라네
세상분들 귀담아듣고
사람 몸을 가졌을 때에
모든 고비 극복해내서
참선으로 참나를 깨쳐
걸림 없는 해탈의 세상
누려보세 누려들 보세

2.
어두운 곳 태양이 뜨듯
중생계에 불타 출현해
바른 삶으로 인도하셔
복된 날을 기약케 하니
아니아니 좋고 좋은가
이 몸 주인 통쾌히 깨쳐
억겁 업을 말끔히 씻고
걸림 없는 해탈의 세상
누려보세 누려들 보세

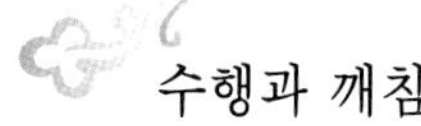

수행과 깨침

1.
그릴 수도 없는 마음, 만질 수도 없는 마음
찾으려는 수행이라 모든 것을 다 버리고
모든 생각 비우기를 몇천 번이었던가
머리 터져 피 흘려도 멈출 수가 없는 공부
이 공부가 아니던가

2.
놓지 못해 우두커니 장승처럼 뭐꼬 하고 앉았는데
앞뒤 없어 몸마저도 공해버린 여기에서 이러-한 채
시간 간 줄 모른 채로 눈을 감고 얼마간을 지나던 중
한 때 홀연 큰 웃음에 화장계일세

걱정 말라

1.
걱정 말라 걱정을 말라 불보살님 말씀대로만 행한다면
안 풀리는 일 없다 하지 않았던가
육근으로 보시를 하며 웃고 살자 웃고들 살자
백년 미만 우리네 인생, 세상 만사 마음먹기 달렸다고
일러주시지 않았던가 걱정을 말라

2.
이리 봐도 저리를 봐도 모두모두 내 살림일세
간섭할 수 없는 내 살림 아니아니 그러한가
이리 펼치고 저리 펼쳐 육문으로 지은 복덕
베푸는 맛이 아니 좋은가 우리 사는 지구인 별 함께 가꿔
낙원으로 만들어서 살아들 보세

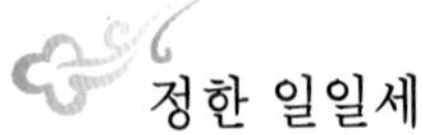

정한 일일세

우리네 삶이란 것
풀끝 이슬 아니던가
서로서로 위로하고 아끼면서
우리 모두 착한 삶이
이어져 가노라면
언젠가는 행복한
그날이 우리에게
찾아오는 것 정한 일일세
찾아오는 것 정한 일일세

여기가 낙원

참나 찾아 영원을 향해
한눈 안 팔고 노력하고
가정 위해 사회를 위해
뛰고 뛰고 혼신을 다한
나의 노력 결실이 되어
일상에서 누리는 나날
선 자리가 낙원이 되니
초목들도 어깨 춤추고
산새들도 축하를 하네

따르렵니다

1.
우리 모두 합장 공경 하옵니다
크고 작은 근심 걱정 씻어주려
우릴 찾아 오셨으니 감사합니다 고맙습니다

2.
우리 모두 손에 손을 맞잡고서
즐거웁게 노래하고 춤을 추며
우리에게 오신 님을 경하합니다 축하합니다

3.
우리들의 깊은 잠을 깨워주셔
영생불멸 넉원의 삶 누리게끔
해주시려 오신 님을 공경합니다 따르렵니다

옛 고향

고향 옛 고향이 그리워 거니는 산책에
고요한 달빛 휘영청 밝고 밤새는
그 무슨 생각에 저리 부르는 노래인데
숲 타고 온 석종소리에 열리는 옛 내 고향
그리도 캄캄하던 생각들은 흔적도 없고
고요한 마음 옛 고향 털끝만큼도
가리운 것이란 없었는데
어찌해 그 무엇에 어두웠던고 고향길 옛 내 고향
나는 따르리라 끝없는 일이라 하여도
님 하신 구제 고난과 역경
그 어떤 어려움 닥쳐도
님 하시는 일이라면 멈추는 일 없을 것일세
이것만이 보은이라네 보은이라네

지장보살

지장보살 두 눈의 흐르는 눈물
마르실 날 언제일까 생각하고 또 생각해도
이 세상의 사람들이 멀어지게만 하고 있네요
보살님 어찌해야 하오리까
반야의 실천으로 최선 다해 돕는다면
안 되는 일 있으리까
대원본존 지장보살 나무 지장보살
얼씨구나 절씨구나 한 판 놀음 덩실덩실 살아들 보세

곰탱이

곰탱이 곰탱이 미련 곰탱이
세상 사람 요구 따라 다 들어준
사람더러 곰탱이라네
요구 따라 따지지 않고
들어주기 바쁜 이를 놀려대며 하는 말
곰탱이 곰탱이 미련 곰탱아
그리 살다간 끝내는 빌어먹을 쪽박마저
없겠구나 미련 곰탱아
그래도 덩실덩실 추는 춤을
보며 깔깔 웃는 사람들아
웃는 자신 모르니 서글퍼 내 하는 말
한 판의 꿈속이라 천금만금 쓸데없네
깔깔 웃는 그 실체를 자신 삼아 사는 삶이 되길
바라고 바라는 곰탱이 춤이로세

나는 바보

나는 바보다 나는 바보야
역지사지 알다보니 바보가 되었네
그렇지만 내 주위는 언제나 웃음이 있고
나눔이 있어 행복하다네
나는 나는 그런 바보야
나는 나는 그런 바보야

즐겁게 살자

나를 찾아 행복을 찾아
내면 향한 명상으로 비춰보며
오늘도 최선을 다한 하루해가 져가네
노을빛 곱게 물이 들고 내 꿈도 이뤄져간다
생각만 하여도 보람찬 미소를 짓는다
세상만사 별것이더냐
서로서로 도와가며 살면서
틈틈이 내면 향한 명상으로
몸 건강 마음 건강 챙기며 사노라면
참나 깨친 박장대소도 짓고
세상 고별 마음대로 하는 날도 있을 걸세
그런 날을 기대하며 일하고 명상하며
하루하루 즐겁게 살자

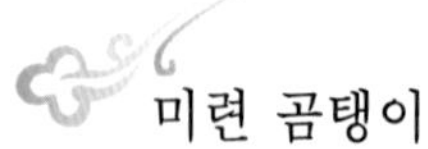

미련 곰탱이

나는 나를 모르는 곰탱이 곰탱이 미련 곰탱이
나라는 나를 보고 듣는 그거라고 보여주듯 일러줌에
동문서답 일관하는 곰탱이 곰탱이 미련 곰탱이
그러므로 성현들의 천하태평 무릉도원 못 누리고
고생고생 살아가는 곰탱이 곰탱이 미련 곰탱이
그런 삶을 면하려면 나라는 나를 깨달아라
자상하게 이끈 말씀 이행 못한 곰탱이 곰탱이 미련 곰탱이
귀천 없이 이끌어서 선 자리가 안양낙원 되게 하신
말씀을 이행 못한 곰탱이 곰탱이 미련 곰탱이
궁전 낙을 저버리시고 고행 수도 다하셔서
나란 나를 깨침으로 영생의 낙원으로 이끄셨네
이 기회를 놓친다면 다시 만나기 어려웁고 어려우니
칠야삼경 봉화 같은 그 지혜의 광명 받아
각자 것이 되게 하란 그 말씀을
실행 못한 곰탱이 곰탱이 미련 곰탱이
그 지혜의 이끔 받아 각자 경지 이러-히 되는 날엔
백사 만사 무엇이든 뜻대로 이뤄진다 권한 말씀
실행 못한 곰탱이 곰탱이 미련 곰탱이
눈앞의 그 작은 것 쫓다가 영원한 삶의 낙 놓치지 않으려면
나란 나를 꼭 깨달으란 귀한 말씀
실행 못한 곰탱이 곰탱이 미련 곰탱이
금구 성언 귀담아듣지 않고 흘려듣다간
백 년도 못 채운 후회막심 삶 되리니
새겨듣고 새겨들어 실천하란 그 말씀
실행 못한 곰탱이 곰탱이 미련 곰탱이
실천하여 깨닫고 박장대소 하는 날엔
삼세 성현 모두모두와 곰탱이 곰탱이가
누리 안은 광명 놓네 누리 안은 광명 놓아 삼창을 할 거라네

부처님의 말씀

부처님 말씀은 하나하나 자비더라
그러기에 불자들은 온화하고 선하더라
부처님 가르치는 이치는 흐르는 물이고
서늘한 산바람이며 봄꽃 향기요
심금을 울리는 연주요 노래요
포근한 어머니의 사랑이더라
바다처럼 넓고 넓은 자비의 품이더라
포근하고 온화한 그 가르침 하나하나
이치에 어긋남이 없으신 진실이더라
모두모두 다 함께 우리 모두 닮자구요
모두모두 다 함께 우리 모두 닮자구요
모두모두 다 함께 우리 모두 닮자구요
어쩌다 어쩌다 이런 가르침을 만났는지
이 다행 이 요행 헛되이 하지 않아
이 생에 깨달아서 이 크고 큰 은혜
갚는 일에 소홀하지 않으리라
감사합니다 감사합니다 우리 부처님
당신의 후예들마저도 유일하게
전쟁 같은 일들은 일으키지 않습니다
사랑하라 하면서 용서하라 하면서
사람이 사람을 죽이는 일
파리 목숨 취급하듯 하는 일이
있어서야 되겠습니까
혹시라도 이런 일이 종교에 있어서는
절대로 안 되는 일이라 믿습니다
관세음보살 나무아미타불
우리 모두 서로가 서로를 아끼고
사랑합시다 사랑합시다 사랑합시다

행복이란

즐거웁게 즐겁게
살아가면 좋잖아
한 번뿐인 인생인데
모두 활짝 웃어요
신이 나게 웃어요
행복이란 돈과 직위에
있는 것 아니라네
행복이란 그 어떤 마음으로
사느냐에 있다네
다 같이 다 같이 웃어들 봐요
그 웃음 타고 행복이 오네
짧은 인생살이 이렇게
만들어가며 살아들 보세

화엄의 세계

1.
각자 마음 깨닫고 봐요
누리 그 모두가 장엄이네 장엄, 빛의 장엄
어느 하나 마음의 장엄 아닌 게 없네, 없어
다함 없고 끝이 없는 보고 듣는 마음 하나 바로 쓰면
이대로가 무릉도원 화엄의 세계로세

2.
보고 듣고 느끼고 생각하는
그 모든 것 장엄이네 장엄, 빛의 장엄
어느 하나 빛의 장엄 아닌 게 없네, 없어
다함 없고 끝이 없는 보고 듣는 마음 하나 바로 쓰면
이대로가 화장세계 장엄의 세계로세

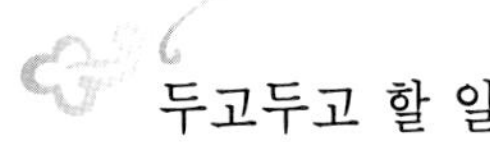

두고두고 할 일

아미타불 사유를 깊이깊이 하여서
하늘땅 생긴 이래 오늘에 이르도록
크나큰 은산철벽 너머 일처럼
까마득히 모르던 나를 깨달았으나
모양 빛깔 없어서 쥐어줄 수도
보여줄 수도 없는 일이라서
입은 옷 뒤집어 보이듯 못하니 한이구나
그러나 보고 듣고 하는 바로 그것이니
마음눈을 활짝 열어 듣는 그곳 향해 살펴봐요, 살펴봐
하늘땅이 간 곳 없고 자신까지 사라진 데서
듣고 아는 그것 내가 아니던가
깊이깊이 참구해서 참나 찾아 결정신을 내리게나
다생겁의 윤회 중에 봄송 노듯 허사란 걸 경험하지 않았던가
그 깨달음에 비추어 세상 일에 응해가며
보림수행하는 일에 방심하지 않아서
구경각을 성취 후에 모든 류를 구제해서
큰 불은 갚음만이 두고두고 할 일일세, 두고두고 할 일일세

서로서로 나누면서

버들 푸르고 꽃 만발하고 나비 춤이더니
녹음이 우거지고 매미들의 노래 가득한 천지
울긋불긋 고운 단풍 어제인 듯한데 눈이 오네
우리 모두의 삶 저러하고 저렇지 않던가
보기도 아까웁고 소중한 형제 자매들이니
서로서로 나누면서 짧은 우리네 삶을 즐김으로 살아가세

좀도 좋다

듣는 나를 알지 못해 생활하는 그 가운데
알고파서 명상한데 어허 참말 이럴수가
창피하고 창피하다 창피하고 창피해

듣는 그 곳 살펴보면 허공처럼 텅텅비어
어찌해야 옳을지를 어허 참말 이럴수가
창피하고 창피하다 창피하고 창피해

허공처럼 비었으나 그게 듣고 대답하니
그게 바로 내 아닐까 어허 참말 이럴수가
창피하고 창피하다 창피하고 창피해

그러다가 깨달으니 나고 죽음 본래없는
온통 온통 나로구나 얼씨구야 절씨구야
좀도 좋고 좀도 좋다 좀도 좋고 좀도 좋아

맘이 나 된 삶을 사니 낙원 따로 없는 것을
멍청하게 살았구려 얼씨구야 저절시구
좀도 좋고 좀도 좋다 좀도 좋고 좀도 좋아

꿈의 세계 창조했던 그 능력은 오직 하나
맘이 나된 때문일세 얼씨구야 저절시구
좀도 좋고 좀도 좋다 좀도 좋고 좀도 좋아

이 마음이 내가 되니 천리 만리 시차없고
아니된 일 전혀 없네 얼씨구야 저절시구
좀도 좋고 좀도 좋다 좀도 좋고 좀도 좋아

낙원의 삶 이 아닌가 영원의 삶 이 아닌가
맘이 나 된 삶을 사세 얼씨구야 저절시구
좀도 좋고 좀도 좋다 좀도 좋고 좀도 좋아

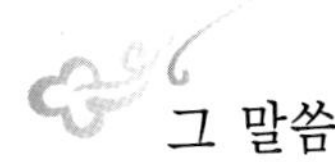

그 말씀

1.
님들의 고구정녕 그 말씀 맘에 새기세
그러면 오는 날엔 행복을 누리며
이웃들을 도우며 살리
개미처럼 개미처럼 개미처럼
개미처럼 개미처럼 개미처럼
개미처럼 개미처럼 개미처럼
이것저것 논하려 하지 말고 서로가
서로를 도와 세상을 이끄는 데 노력하면
이 세상의 그 어떠한 일일지라도
못 이룰 일 없을 것일세
꿀벌처럼 꿀범처럼 꿀벌처럼
꿀벌처럼 꿀벌처럼 꿀벌처럼
꿀벌처럼 꿀벌처럼 꿀벌처럼

2.
님들의 가르침을 실행한 덕으로써
마음에 갖추어진 갖가지 능력을
부려 써서 누리는 삶을
개미처럼 개미처럼 개미처럼
꿀벌처럼 꿀벌처럼 꿀벌처럼
더불어 함께하면 별유천지 눈앞에 일이로세
이 모든 것이 참고 참아 극복해 이겨냈던
그 공덕의 결실이로세 그 공덕의 결실이로세
구름위의 백학처럼 구름위의 백학처럼 구름위의 백학처럼
함께누려 살아가세 함께누려 살아가세 함께누려 살아가세

일체유심조

듣는 나를 내가 보니 바탕 없는 그 몸에
갖은 묘용 지녀 있어 오고 감은 물론이요
일체 모두 지어내고 그걸 또한 응용하여
자유자재 그 능력 못하는 것 하나 없네
온 누리에 펼쳐놓고 어울려 누려사세
이리 좋은 자기능력 전혀 몰라 헤매이는
세상 사람 갖은 고통 몸종 노릇 결과이니
마음 나된 삶으로써 억겁 굴레 벗어나서
맘이 지닌 능력회복 한시 빨리 이루어서
영원한 본래 삶을 같이 누려 살아 가세
(아리랑후렴)

함께 이뤄 누립시다 함께 이뤄 누립시다
어화둥둥 좋고 좋아 얼씨구나 좋고 좋다
이 마음이 내가 된 삶 이렇게도 상상밖에
달라질 수 있을까 너무나도 달라져서
내자신이 놀라웁고 놀라워서 뭐라못해
조용하고 차분함 속 이 즐거움 말로 못해
온 누리를 선 자리서 볼 수 있는 능력이여
과거일을 알 수 있고 미래일을 예감하는
지혜능력 갖춰있어 실수란 것 없는 삶
꿈 세계도 창조하는 모두 지닌 능력이니
뜻 있으면 가능하니 이 아니 전능한가
(아리랑 후렴)

전능으로 베풀어서 모두 함께 즐겨가며
후세들을 깨우는 낙 함께 하는 삶이니
이 아니들 좀도 좋고 얼씨구나 좋고 좋다
이 능력과 이 힘이면 온 세상을 바꿔 놓는
그 어떠한 일이라도 어려울게 뭐 있으리
뜻 있으면 길이 있고 길 있으면 하면 되는
이리 좋은 그 방법이 맘이 나된 그거로세
이리 좋은 길을 두고 안할 사람 뉘 있으리
이 일만이 길이길이 행복누릴 길이로세
넓고 넓은 누리 정원 펼쳐 놓고 모두 함께
손에 손을 서로잡고 함께 누린 삶으로써
일상이 된 이런 삶이 맘이 나 된 결과로세
이런 일을 아니하고 그 부엇을 할것인가
모두 모두 맘이 나된 그 일 실천 꼭 하여서
태평세월 함께 누린 그런 삶을 누려보세
얼씨구나 좀도 좋고 절씨구나 좋고 좋다
(아리랑 후렴)

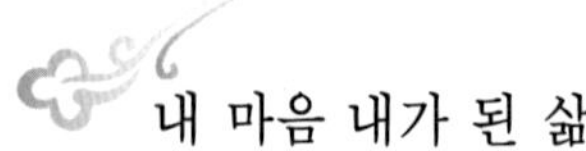

내 마음 내가 된 삶

1.
내 마음 내가 된 삶 모두들 살아봐요
신기하고 신기하다 신기하고 신기해(2번 반복)

내 마음 내가 되니 영원한 삶이로세
신기하고 신기하다 신기하고 신기해(2번 반복)

내 마음 내가 되니 안되는 일 없구나
신기하고 신기하다 신기하고 신기해(2번 반복)

아리랑 아리랑 아라리요 아리랑 고개로 넘어간다

2.
꿈 세계도 창조한데 무엇인들 안될건가
신기하고 신기하다 신기하고 신기해(2번 반복)

원근거리 상관없이 동시에 이르르니
신기하고 신기하다 신기하고 신기해(2번 반복)

산하석벽 걸림 없이 자유로이 오고가니
신기하고 신기하다 신기하고 신기해(2번 반복)

아리랑 아리랑 아라리요 아리랑 고개로 넘어간다

3.
상대방의 마음도 읽어낼 수 있으니
신기하고 신기하다 신기하고 신기해(2번 반복)

과거 현재 미래 일을 앞 일처럼 아는 능력
신기하고 신기하다 신기하고 신기해(2번 반복)

내 마음 내가 되면 이런 자유 누려사니
신기하고 신기하다 신기하고 신기해(2번 반복)

아리랑 아리랑 아라리요 아리랑 고개로 넘어간다

4.
온 누리의 모든 사람 이 행복을 누립시다
신기하고 신기하다 신기하고 신기해(2번 반복)

가족처럼 어우러져 모두 모두 누린 일상
신기하고 신기하다 신기하고 신기해(2번 반복)

이게 바로 낙원의 삶 누림이니 좋고 좋다
신기하고 신기하다 신기하고 신기해(2번 반복)

아리랑 아리랑 아라리요 아리랑 고개로 넘어간다

웃고 살자

1.
아하하하 우습다 아하하하 우스워 아하하하 우습다
제 그림자 모르고 저라 하는 사람 보고 아니 웃고 울랴
아하하하 우습다 아하하하 우스워 아하하하 우습다
여섯 도적 종노릇에 헌신하는 사람 보고 아니 웃고 울랴
아하하하 우습다 아하하하 우스워
저승세계 코앞인데 대비 없는 사람 보고 아니 웃고 울랴
아하하하 우습다 아하하하 우스워 아하하하 우습다
참나 찾지 아니하고 허송하는 사람 보고 아니 웃고 울랴
아하하하 우습다 아하하하 우스워 아하하하 우습다
아리랑 아리랑 아라리요
아리랑 고개를 넘어간다
나를 버리고 가시는 님은
십 리도 못 가서 되돌아온다

2.
좋은 인연 있었던가 거룩한 이 만나서 참나 찾은 이 행운이
즐겁고도 즐겁다 즐겁고도 즐거워 아하하하 즐겁다
이 행운을 나 혼자서 누리기에 아쉬워 인도하려 나섰는데
아라리요 아리랑 아라리가 났네
영원한 나 찾음으로 한순간에 성취한 낙원의 삶 권하나니
아하하하 우습다 아하하하 우스워 아하하하 우습다
즐겁고도 즐겁다 즐겁고도 즐거워 아하하하 즐겁다
우리 모두 다 함께 얼싸안고 누리는 그런 세상 노력하세
아리랑 아리랑 아라리요
아리랑 고개를 넘어간다
나를 버리고 가시는 님은
이내 가슴엔 희망도 많다

청천 하늘엔 잔별도 많고
이내 가슴엔 희망도 많다

사람 사는 이치

이 세상 사람들 사는 것
농부들 농사를 짓는 것과
조금도 다를 바 없는 이치이니
여러분 귀 기울여 들어보시오
얼씨구나 좋네 지화자 좋네 아니아니 그러한가

봄이 되면 깊이깊이 간직해 둔 씨곡식을
꺼내다 땅을 파고 다듬어서 골을 파고 뿌린 후에
오뉴월 찜더위에 구슬땀을 흘리면서
김을 매어 가꾸는 것은 엄동설한 추운 날에
사랑하는 부모님과 아내 자식들 모두
잘 지내게 하려는 깊은 뜻에서라네
얼씨구나 좋네 지화자 좋네 아니아니 그러한가

어떤 이가 말을 하기를 늘 현재만을 즐겁게 살자
강변함을 보았는데 좋은 말이기는 하지만
그 말은 자칫하면 희망이 없는 잘못된 말이라네
그러므로 내일을 위하여 오늘의 어려움을 즐기면서
밝게밝게 살아갑시다
얼씨구나 좋네 지화자 좋네 아니아니 그러한가

불법 공부

1.
이 세상 사는 분들께 권하오니 나를 찾는
이뭐꼬 화두 공부를 곰곰이 챙기고 챙겨
쉬지 않고 하다보면 하늘땅도 흔적 없이
사라지고 몸 없는 내가 환한 웃음 짓는 날이
있을테니 결정신을 내리어서 우리 함께
길이길이 누립시다

2.
불법 만난 이 다행을 그 무엇과 비교하랴
이 다행을 만났을 때 최선 다한 실행으로
금생에서 크게 깨쳐 불보살님 칭찬 받는
오후보림 필히 마쳐 중생 다한 그때까지
님의 은혜 갚을 것을 굳은 의지 맹서로써
다짐하고 다짐하세

3.
때가 없고 장소 없이 뜻을 따라 이뤄지는
이리 좋은 세상살이 본래부터 갖춰짐을
누리는 삶 우리 모두 일심동체 그리 되어
이 생 저 생 할 것 없이 얼씨구나 절씨구나
노래하고 춤도 추며 천생만생 누립시다
길이길이 누립시다

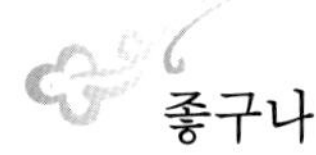

좋구나

좋구나
이곳이 어때서
낙원에 장소가 있나요

마음이 착하면
선 곳이 무릉도원
이런 삶이 참 삶이라네

미소를 지으며
손에 손을 잡고서
태평가를 모두들 불러요

우리들 이렇게
서로 만나 사는 것
백겁천생 인연이라네

세월아 맞춰라
내 즐기고 즐기며
함께하는 이들에게 위로를 하려네

불법

불법은 내게 있어 첫째도 둘째에도
내 삶의 이유이고 내 삶의 온통이며
마음의 광채이고 마음의 자비이며
자비의 실천이고 자비의 일상이며
희망의 꽃밭이고 희망의 피안이며
서원의 동력이고 서원의 자산이며
모두의 태평이고 모두의 영원일세

영원한 행복 찾기

1.
사람 사람마다
지닌 그 마음이
내가 된 삶으로
살아 가노라면
자연 알게 되네

둥글고 둥글게
모남없이 살자(3번 반복)

마음 먹은대로
하고 싶은대로
척척 이뤄지고
꿈을 창조하던
능력 부린 날도
멀지 않으리니

둥글고 둥글게
모남없이 살자(3번 반복)

노력 실천 다해
영원한 삶으로
영원한 행복을
함께 누려보세
함께 누려보세

둥글고 둥글게
모남없이 살자(3번 반복)

2.
사람 사람마다
맘을 깨달아서
맘이 내가 되면
평등 그 자체라
자연인이 되어

둥글고 둥글게
모남없이 살자(3번 반복)

서로 어울려서
나눈 인간미들
행복 그 자체며
오간 말들마다
온화한 그 체취

둥글고 둥글게
모남없이 살자(3번 반복)

차별없는 베풂
풍족한 맘이고
가족같은 일상
낙원의 이 삶을
함께 누려보세
함께 누려보세

둥글고 둥글게
모남없이 살자(3번 반복)

치유의 노래

1.
이 세상에 사는이여 맘이 나뒨
명상 한 번 해보기를 권하노니 생활하는
틈틈으로 실행하다 보노라면 산란한 맘 사라지고
대상없는 미소 속에 우울증과 신경성은 흔적없이 사라지니
내 내면의 무릉도원 누려 살게 될 것일세

2.
요즈음의 우울증과 신경성에 시달리는 모든 분들
사방에서 들려오는 모든 소릴 듣는 그 곳 비춰봐요
쉬운 일은 아니지만 포기 않고 실행하면 밖이 없는
고요롬의 그 세계서 체험하는 신천지의 행복누림
모두 함께 가져봐요

국민성

고마우신 우리국민
코로나를 이겨낸 지혜로써
그 어떤 그 어떤 어려움도
서로 돕는 격려와 인내 다해
이겨 낼거다 이겨 낼거다

조상에서 조상으로
이어져온 국민의 지혜로써
그 어떤 그 어떤 어려움도
힘을 모아 해내는 인내 다해
이겨 낼거다 이겨 낼거다

내 말 좀 들어봐요

모두모두 내 말 좀 들어봐요
이 몸이 내가 아니라 이 마음이 나 아닌가
살아가는 생활 속에 명상을 하여
이 맘 찾아 나를 삼아 살아들 봐요
모든 속박 모든 괴롬 벗어나는 아주 좋은 일이니
이제라도 안 늦으니 명상으로 뜻 이루어
영원한 생명, 영원한 행복 우리 모두 누려들 보세

사막화를 막고 사막 경영 시대를 열자
사막화로 급속히 변해가는 이 지구를
방치해선 아니 되네 방치하면
지구가 생긴 이래 최악의 상태 됨은
불을 보듯 뻔한 일일세, 하지만

육십 억의 온 인류가 한 마음 한 뜻 되어
황무지는 돌나물로 푸른 초원 만들고
확장되는 사막화를 배수관의 바닷물로 막는다면
지구가 생긴 이래 가장 살기 좋은 시대를
인류는 맞을 걸세

아리랑 아리랑 아라리요
아리랑 고개를 넘어간다
청천 하늘엔 잔별도 많고
이내 가슴엔 희망도 많다

효

1.
아들 딸이 귀엽고 사랑스런 그 속에 우리들의 부모님
어려움에도 끝내 가르치고 기른 정 이제 읽으며
늦은 눈물로써 불초를 뉘우치며 맹세하고 다짐하는
아들 딸이 여기 있으니, 건강히 오래만 사시기를
손 모아 손을 모아 간절하게 바라고 또 바라는
기도를 하옵니다 부모님 입이 귀에 걸리시게 할 겁니다

2.
어렵고도 어려운 보릿고개 그 속에 우리들을 먹이고
가르치느라 정말 그 얼마나 고생이 되셨습니까
허리 두 끈으로 졸라맨 아픔으로 사셨죠
정말정말 오래도록 건강하게만 계셔주신다면
아들 딸을 낳으시고 길러주신 그 노고에 크게 보답할 겁니다
아버님 어머님의 입이 귀에 걸리시게 할 겁니다

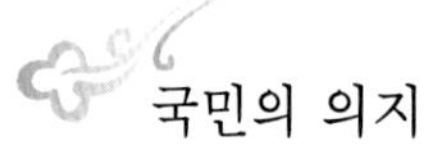

국민의 의지

뚫어라 뚫어 뚫어라 뚫어
그 어떤 난관의 벽이라도
뚫어라 뚫어 뚫어라 뚫어
그 어떤 문제의 벽이라도
뚫어라 뚫어 뚫어라 뚫어
나에겐 의지의 힘이 있다
뚫어라 뚫어 뚫어라 뚫어
중도의 하차는 없다 없어
뚫어라 뚫어 뚫어라 뚫어
성공이 존재할 뿐이로세
모두다 이루어 낼 것일세

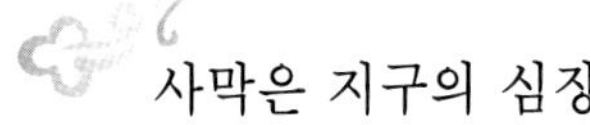

사막은 지구의 심장

21세기는 사막 경영 시대를 열어
연구에 노력을 다한다면
지상 낙원이 인류에게 달려와서 맞을 걸세

육십 억의 온 인류가 손에 손잡고 한 뜻 되어
사랑하는 마음으로 역경을 헤쳐 나가
사막화를 막고 황무지를 초원으로
살기 좋은 지구촌을 이뤄보세
살기 좋은 지구촌을 이뤄보세

아리랑 아리랑 아라리요
아리랑 고개를 넘어간다
청천 하늘엔 잔별도 많고
이내 가슴엔 희망도 많다

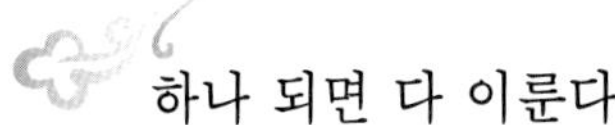

하나 되면 다 이룬다

1.
살자 살자 우리 함께 살자 살자 우리 뭉쳐
뭉친 힘이 발휘하면 못할 일이 없는거다
그 결과로 꽃이 피면 막힌 것은 없어지고
서로 나눈 나라되어 지상낙원 되는걸세

2.
살자 살자 세계 향해 살자 살자 인류위해
모두 함께 크게 뭉쳐 하나 되는 지구촌을
우리 함께 이루어서 다툼없는 삶으로써
얼싸 안고 함께 누린 지상 낙원 이뤄내세

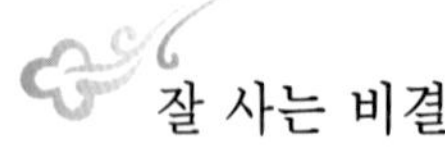

잘 사는 비결

참지 못한 결과는 어려움이 닥치고
참고 참는 결과는 좋은 일이 온다네
친구들아 모든 일 힘을 합쳐 맞으면
못 이룰 일 없지만
니 떡 너 먹고 내 떡 나 먹는 그럼 마음 쓴다면
될 일도 아니 된다네
우리 서로 뜻을 합쳐 모두모두 잘 살아보세
이미 이룬 과학문명 선용을 해서 용맹심을 내어
모든 일에 임한다면 행복이 줄을 서서 올 걸세
아리랑 아리랑 아라리요 아리랑 고개를 넘어간다
청천 하늘엔 잔별도 많고 이내 가슴엔 희망도 많다

용서한 결과로는 웃는 날을 맞이하고
베푼 뒤엔 참 좋은 이웃들이 생기네
친구들아 서로들 힘을 합쳐 임하면
못할 일이 없지만
니 떡 너 먹고 내 떡 나 먹는 그런 마음 쓴다면
될 일도 아니 된다네
오늘부터 뜻을 합쳐 우리 한번 잘 살아보세
이미 이룬 과학문명 선용을 해서 용맹심을 내어
모든 일에 임한다면 행복이 줄을 서서 올 걸세
아리랑 아리랑 아라리요 아리랑 고개를 넘어간다
청천 하늘엔 잔별도 많고 이내 가슴엔 희망도 많다

만들자

1.
빌딩숲의 실외기 열 오고가는 차 배기가스
사람소리 기계소리를 원림 속의 새소리와
개울소리 미풍소리 그것으로 만들자 만들자 만들자

2.
이익 따져 주고받는 설왕설래 어지러움
높고 낮은 금속음들을 매미소리 물소리와
노래하는 환경으로 우리 함께 만들자 만들자 만들자

3.
하늘 맑고 별이 빛난 조용하고 시상 뜨는
그런 환경 거닐면서 손에 손을 마주 잡고
노래하는 세상으로 우리 함께 만들자 만들자 만들자

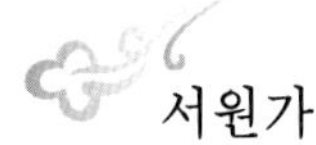

서원가

1.
참나를 깨달아서 보림을 하고
다가올 내 앞날의 서원이라네
기어코 육바라밀 성취를 하여
불보살님 큰 은혜에 보답하면서
영원히 구제의 길 나는 가리라

2.
보살의 가는 길이 험난타 해도
맹세코 초지일관 서원이라네
구류를 그릇 따라 깨닫게 하여
스승님의 큰 은혜에 보답하면서
영원히 구제의 길 나는 가리라

정직하고 착한마음

1.
정직하고 착한마음 우리모두 실천하면
먼저 가정 화평하고 웃음 꽃에 향내나며
이웃간에 믿음 깊어 서로 소통 이뤄져서
나라위한 일이라면 솔선수범 모두하고
서로 믿는 사회여서 안되는 일 없을걸세
서로 믿고 웃는 사회 우리 모두 힘 모아서
낙원 나라 이뤄내어 세계 이끈 나라 되세

2.
정직하고 착한 행동 우리 모두 실천하면
믿는 마음 두터워져 서로서로 돕게 되고
그리되면 힘 모아서 일일마다 쉬 이뤄져
앞서가는 나라되고 대접받는 국민되어
곳곳에서 우러르는 그런 국민 될 것일세
서로 믿고 웃는 사회 우리 모두 힘 모아서
낙원 나라 이뤄내어 세계 이끈 나라되세

3.
이런 마음 이런 행이 우리 조상 바탕이니
우리 국민 이뤄내어 봉화적인 나라로써
지구촌을 낙원으로 이뤄내는 나라되어
가는 곳곳 우러르는 그런 국민 그런 나라
그런 조상 그런 사상 꽃 피우는 국민 되세
서로 믿고 웃는 사회 우리 모두 힘 모아서
낙원 나라 이뤄내어 세계 이끈 나라 되세

이때 우리는

1.
화산의 폭발로 해서 사람들과 모든 것이 용암펄로 화해버린
이 막막한 우리들을 올바르게 영원으로 끌어주실
성인 중의 성인이신 불보살님 나라에 가 나는 게 꿈이네

2.
태풍이 인가를 덮쳐 다정했던 이웃들은 간 곳 없고
어지러운 벌판 되어 처참하고 참담하기 그지없는 무상한
이 현실에 의지할 분, 생명 밝혀 영원케 한 부처님 뿐이네

3.
지진이 우리의 삶을 삼켜버려 초토화가 되어버린
허망하기 그지없는 우리들의 현실에선 사방천지 둘러봐도
의지해야 할 분은 자신 깨쳐 누리라 한 부처님 뿐이네

발심가

1.
우리네 한세상 보람찬 삶으로
바꾸기 위하여 닦아들 봅시다
청춘 홍안이 얼마나 길던가
꿈꾸는 사이에 백발이 된다네

2.
참나를 깨달아 보림을 하고요
자비심 발하여 구제길 나서서
중생들 세계에 고통을 없애서
극락이 되도록 최선을 다하세

3.
본연한 몸의 능력을 베풀어
극락세계 장엄을 하고요
둥실 두둥실 누리기 위하여
오늘의 어려움 극복을 해내세

4.
눈 깜박 하는 새 한세상 다 가고
부귀와 공명은 잠시의 꿈이라
이러한 되풀이 금생에 끝내어
윤회의 사슬에서 벗어나 납시다

석가모니불

1.
석가모니불, 거룩한 석가모니불
하늘 땅에 유일한 님이기에 우러러
간절하게 기도하면 내 소원 이루어지지요
탐욕을 보시로 다스려서 행하고
진심을 인욕으로 실천하면
우리 바라는 그 세상 활짝 열리네
불법의 진리 깨달으면
함없는 함으로 님의 은혜 갚으리
석가모니불 우리 부처님

2.
석가모니불, 거룩한 석가노니불
하늘 땅에 유일한 님이기에 우러러
가르침을 따른다면 언제나 행복하지요
선법을 깨달아 생활화를 함으로써
이 세상 이대로를 낙원으로
님이 바라신 그 소원 꽃을 피우리
불법의 진리 깨달으면
함없는 함으로 님의 은혜 갚으리
석가모니불 우리 부처님

우란분재일

1.
우란분재 맞이해서 대자대비 부처님을
이 자리에 청해 모셔 다생부모 왕생극락
정성 다한 맘입니다 지혜 짧아 못 미쳐서
중한 은혜 입고서도 보은보답 못하고서
이생까지 이른 것을 머리 숙여 부처님께
참회합니다 참회합니다

2.
정성 어린 마음으로 이고득락 비옵나니
세상애착 모두 끊고 부처님의 그 세상에
나시기만 원합니다 다생겁에 경험하신
부질없는 몸 종노릇 그 허망을 떨침만이
윤회고를 벗어나는 길이오니 그리되길
비옵나이다 비옵나이다

보살의 마음

1.
파도에 실려 떠가는 낙엽같이 살아가는 인생
구원코자 따라주며 같이 하는 자비인데
제 안경에 보인 대로 말들 하지만
못 들은 척 모르는 척 최선 다하리
바른 눈, 바른 맘 통쾌히 열어라
아 그날이 그날이 오기만을 기다리는 마음

2.
파도에 실려 떠가는 낙엽같이 살아가는 인생
구원코자 따라주며 같이 하는 자비인데
눈이 멀고 귀가 먹은 저들이지만
황소처럼 지장처럼 최선 다하리
지혜 눈, 지혜 맘 통쾌히 열어라
아 그날이 그날이 오기만을 기다리는 마음

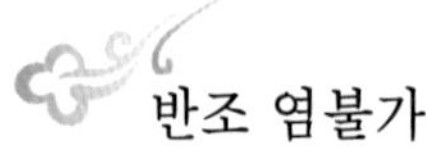

반조 염불가

1.
님께서 베푸신 자비의 은혜
오늘도 감사한 맘 어찌 잊으리
가르침 따름만이 살 길이란 다짐으로
간절히 시시때때 회광반조 아미타불
백팔염주 일상화로 기어이 크게 깨쳐
크나큰 님의 은혜 갚으리라 아미타불

2.
본래에 드러난 나인 걸 몰라
낙원을 고해로서 사는 삶이니
가르침 따름만이 살 길이란 다짐으로
반조의 아미타불 나도 잊은 삼매의 앎
깨닫기에 좋은 때니 기어이 원을 이뤄
금생에 구제중생 불은 갚길 아미타불

부처님 은혜 2

낙엽이 지고 국향이 짙을 땐
부처님의 고고한 말씀 법계화되고
대승보살 나투어 그릇 따라 베푼 법문에
만난 사람 모두가 깨쳐
두타보림 수행을 하여
있는 그곳 극락이어서
걸음 걸음 상쾌한 가슴
입가에 미소 언제나 번지는
대자유 삶 누릴지어다
고맙습니다 참 고맙습니다
촌각인들 부처님 은혜
그 어찌한들 잊을 날 있으리
불은 갚는 그날까지는
서원 향해 뛸 것입니다
서원 향해 다할 것입니다

성중성인 오셨네

1.
음력사월 초파일은
온 누리의 제일이신
성중성인 부처님이
이 땅 위에 오신 날
괴로움을 낙원으로
어두움을 광명으로
바꾸려는 숙원을
시작하신 날, 너나 없이
모두 함께 경축하세
모두 함께 경축하세

2.
음력사월 초파일은
온 누리의 제일이신
성중성인 부처님이
이 땅 위에 오신 날
너를 알란 그 가르침
펼치려고 오심이니
자아완성 이룩해
우리 이 땅 이대로를
낙원으로 누려보세
낙원으로 누려보세

열반재일

1.
인연 다함 아시기에 구제방편 거두시어
열반 드신 그 자재는 그 누구가 흉내인들 내오리까
오고 감을 뜻대로 한 거룩함에
정례합니다 정례합니다

2.
대자대비 거룩하신 가르치심
이 세상에 길이길이 펼쳐져서 그 언젠가 이 고해가
낙원으로 되는 날을 믿는 마음
우러러서 정례합니다 정례합니다

성도재일

1.
찬양합니다 찬양합니다 도 이루심 찬양합니다
이 세상에 그 어떤 일인들 이보다 기쁘고 거룩한 일 있으리
그 옛날의 오늘 이룬 부처님의 광명지혜 없었다면
중생들이 생사고통 면할 길을 감히 어찌 알았으리
감사합니다 감사합니다

2.
맹세합니다 맹세합니다 부처님의 뒤를 이어서
생사고통 영원히 면하게 이끄신 봉화의 바른 불빛
지혜로 어둔 그늘 모두 밝혀 부처님의 세상으로 바꿔놓는
그 일에서 제일가는 모습 보여 부처님의 은혜 갚음
지켜보소서 지켜보소서

믿고 따르세

1.
고해 일러 낙원이라 한 불보살님
그 말씀의 진실한 경지 알려거든
보고 듣는 그곳 향해 명상하게
명상으로 분별 망상 없어지고
고요로움 극해지면 불멸의 나 깨치네

2.
참나 깨친 밝은 지혜로 선행 닦아
사상 없는 일상의 생활 이루는 날
고해 일러 낙원이란 말씀의 뜻
내 뜻 되어 큰 웃음을 껄껄 짓고
대장부로 삼계 구할 서원 세워 행하리

신명을 다하리

사바세계 사는 그게 죄를 짓는 바탕이라
크나큰 자비로써 이끄시는 가르침에
신명 다해 따름으로 두텁다는 업 녹으면
무명 깨고 자성 밝혀 큰 웃음을 지으리니
그날에 가르치신 큰 은혜를 갚으리라
어떤 고난 있다 해도 큰 의지로 극복해서
온누리를 정토의 낙원으로 이루리라

관음가

꽃을 보아도 먼 산을 보아도
그리움 그리움이 더해진
관세음 관세음은 포근한 품이랍니다
기쁠 때에도 어려울 때에도
자애로 다가오셔 힘이 되신
관세음 관세음은 포근한 품이랍니다

부처님께 바치는 마음

1.
늘 새롭게 태어남으로
누리는 삶을 깨닫게 이끌어주신 부처님
어찌 감사함으로 만족하리까
부처님처럼 관세음처럼
닦고 이루고 갖추어서
베풂으로 구제하는 맘
구류가 다한 날까지 최선 다함만이
크나큰 은혜 갚음이라
영원히 신명 다할 겁니다

2.
늘 새롭게 태어남으로
오늘도 또한 내일도 함 없는 함의 즐거움
어찌 누림으로만 만족하리까
부처님처럼 관세음처럼
그리 되도록 최선 다해
구류들을 구제해내는
대자비 무장으로써 신명 다함만이
크나큰 은혜 갚음이라
부처님 전에 합장합니다

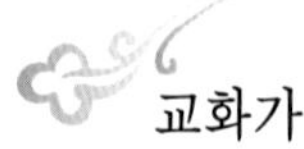

교화가

1.
주장자 떨쳐메고 방랑 삼천계
흰구름 뜬 고개 넘어 오신 님이 누구뇨
사바세계 중생들을 구제를 할 때
갖은 방편 어려움도 웃어넘는 스승님

2.
주장자 떨쳐메고 방랑 삼천계
흰구름 뜬 고개 넘어 오신 님이 누구뇨
구류중생 그릇 따라 교화를 할 때
제 안경에 갖은 시비 웃어넘는 스승님

3.
주장자 떨쳐메고 방랑 삼천계
흰구름 뜬 고개 넘어 오신 님이 누구뇨
화장세계 열어놓고 노래를 하며
춤을 추는 이 환희를 함께 하잔 스승님

도서출판 문젠(Moonzen Press)의 책들

출간 도서

바로보인 전등록 전 5권
바로보인 무문관
바로보인 벽암록
바로보인 천부경 · 교화경 · 치화경
바로보인 금강경
세월을 북채로 세상을 북삼아
영원한 현실
바로보인 신심명
바로보인 환단고기 전 5권
바로보인 선문염송 전 30권
앞뜰에 국화꽃 곱고 북산에 첫눈 희다
바로보인 증도가
바로보인 반야심경
선을 묻는 그대에게 1 · 2
바로보인 선가귀감
바로보인 법융선사 심명
주머니 속의 심경
바로보인 법성게
달다 -전강 대선사 법어집
기우목동가
초발심자경문
방거사어록
실증설
하택신회대사 현종기
불조정맥 - 한 · 영 · 중 3개국어판
바른 불자가 됩시다
누구나 궁금한 33가지
108진참회문 - 한 · 영 · 중 3개국어판
달마의 일할도 허락지 않는다
마음대로 앉아 죽고 서서 죽고
화두 3개국어판 - 한 · 영 · 중
바로보인 간당론
완전한 우리말 불공예식법
바로보인 유마경
실증설 5개국어판 - 한 · 영 · 불 · 서 · 중
누구나 궁금한 33가지 3개국어판
-한 · 영 · 중
달마의 일할도 허락지 않는다
3개국어판 - 한 · 영 · 중
법성게 3개국어판 - 한 · 영 · 중
정법의 원류
바로보인 도가귀감
바로보인 유가귀감
화엄경 81권
바로보인 전등록 전 30권

출간예정 도서

바로보인 능엄경 제6권
바로보인 원각경
바로보인 육조단경
바로보인 대전화상주 심경
바로보인 위앙록
해동전등록 전 10권
말 밖의 말
언어의 향기
농선 대원 선사 선송집
진리와 과학의 만남
바로보인 5대 종교
금강경 야부송과 대원선사 토끼뿔
선재동자 참알 오십삼선지식
경봉선사 혜암선사 법을 들어 설하다
십현담 주해
불교대전
태고보우선사 어록

1. 바로보인 전등록 (전30권을 5권으로)

7불과 역대 조사의 말씀이 1,700공안으로 집대성되어 있는 선종 최고의 고전으로, 깨달음의 정수가 살아 숨쉬도록 새롭게 번역되었다.
464, 464, 472, 448, 432쪽.
각권 18,000원

2. 바로보인 무문관

황룡 무문 혜개 선사가 저술한 공안집으로 전등록, 선문염송, 벽암록 등과 함께 손꼽히는 선문의 명저이다. 본칙 48개와 무문 선사의 평창과 송, 여기에 역저자인 대원선사의 도움말과 시송으로 생명과 같은 선문의 진수를 맛보여 주고 있다.
272쪽. 12,000원

3. 바로보인 벽암록

설두 선사의 설두송고를 원오 극근 선사가 수행자에게 제창한 것이 벽암록이다.
이 책은 본칙과 설두 선사의 송, 대원선사의 도움말과 시송으로 이루어져, 벽암록을 오늘에 맞게 바로 보이고 있다.
456쪽. 15,000원

4. 바로보인 천부경

우리 민족 최고(最古)의 경전 천부경을 깨달음의 책으로 새롭게 바로 보였다. 이 책에는 81권의 화엄경을 81자에 함축한 듯한 천부경과, 교화경, 치화경의 내용이 함께 담겨 있으며, 역저자인 대원선사가 도움말, 토끼뿔, 거북털 등으로 손쉽게 닦아 증득하는 문을 열어 놓고 있다.
432쪽. 15,000원

5. 바로보인 금강경

대원선사의 『바로보인 금강경』은 국내 최초로 독창적인 과목을 내어 부처님과 수보리 존자의 대화 이면의 숨은 뜻을 드러내고, 자문과 시송으로 본문의 핵심을 꿰뚫어 밝혀, 금강경 전체를 손바닥 안의 겨자씨를 보듯 설파하고 있다.
488쪽. 15,000원

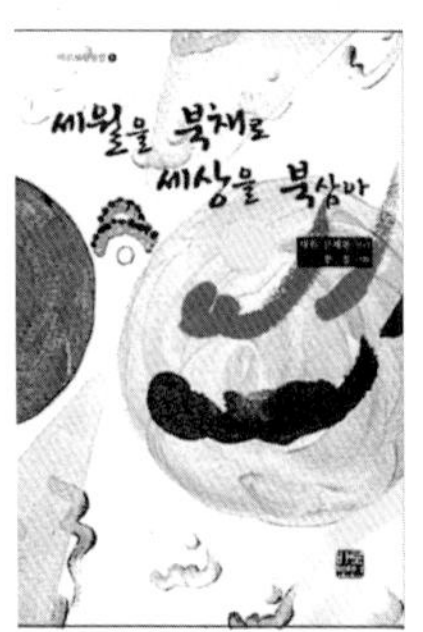

6. 세월을 북채로 세상을 북삼아

대원선사의 선시가 담긴 선시화집 『세월을 북채로 세상을 북삼아』는 선과 시와 그림이 정상에서 만나 어우러진 한바탕이다.
선의 세계를 누리는 불가사의한 일상의 노래, 법열의 환희로 취한 어깨춤과 같은 선시가 생생하고 눈부시게 내면의 소리로 흐른다.
180쪽. 15,000원

7. 영원한 현실

애매모호한 구석이 없이 밝고 명쾌하여, 너무도 분명함에 오히려 그 깊이를 헤아리기 어려운, 대원선사의 주옥같은 법문을 모아 놓은 법문집이다.
400쪽. 15,000원

8. 바로보인 신심명

신심명은 양끝을 들어 양끝을 쓸어버리는, 40대치법으로 이루어진, 3조 승찬 대사의 게송이다. 이를 대원선사가 바로 번역하는 것은 물론, 주해, 게송, 법문을 더해 통쾌하게 회통하고 자유자재 농한 것이 이 『바로보인 신심명』이다.
296쪽. 10,000원

9. 바로보인 환단고기 (전5권)

『바로보인 환단고기』 1권은 민족정신의 정수인 환단고기의 진리를 총정리하여 출간하였다. 2권에는 역사총론과 태초에서 배달국까지 역사가 실려 있으며, 3권은 단군조선, 4권은 북부여에서부터 고려까지의 역사가 실려 있다. 5권에는 역사를 증명하는 부록과 함께 환단고기 원문을 실었다. 344 · 368 · 264 · 352 · 344쪽. 각권 12,000원

10. 바로보인 선문염송 (전30권)

선문염송은 세계최대의 공안집이다. 전 공안을 망라하다시피 했기에 불조의 법 쓰는 바를 손바닥 들여다보듯 하지 않고는 제대로 번역할 수 없다. 대원선사는 전 공안을 바로 참구할 수 있게끔 번역하고 각 칙마다 일러보였다. 352 368 344 352 360 360 400 440 376 392 384 428 410 380 368 434 400 404 406 440 424 460 472 456 504 528 488 488 480 512쪽. 각권 15,000원

11. 앞뜰에 국화꽃 곱고 북산에 첫눈 희다

대원선사의 선문답집으로 전강 · 경봉 · 숭산 · 묵산 선사와의 명쾌한 문답을 실었으며, 중앙일보의 <한국불교의 큰스님 선문답> 열 분의 기사와 기자의 질문에 대한 대원선사의 별답을 함께 실었다.
200쪽. 5,000원

12. 바로보인 증도가

선종사에 사라지지 않을 발자취로 남은 영가 선사의 증도가를 대원선사가 번역하고 법문과 송을 더하였다.
자비의 방편인 증도가의 말씀을 하나하나 쳐가는 선사의 일갈이야말로 영가 선사의 본 의중과 일치하여 부합하는 것이라 아니할 수 없다.
376쪽. 10,000원

13. 바로보인 반야심경

이 시대의 야부(冶父)선사, 대원선사가 최초로 반야심경에 과목을 붙여 반야심경 내면에 흐르는 뜻을 밀밀하게 밝혀놓고 거침없는 송으로 들어보였다.
264쪽. 10,000원

14. 선(禪)을 묻는 그대에게 (전10권 중 2권)

대원선사의 선수행에 대한 문답집.

깨달아 사무친 경지에 대한 밀밀한 점검과, 오후보림에 대한 구체적인 수행법 제시와, 최초의 무명과 우주생성의 원리까지 낱낱이 설한 법문이 담겨 있다.
280쪽, 272쪽. 각권 15,000원

15. 바로보인 선가귀감

선가귀감은 깨닫고 닦아가는 비법이 고스란히 전수되어 있는 선가의 거울이라 할 만하다. 더욱이 바로보인 선가귀감은 매 소절마다 대원선사의 시송이 화살을 과녁에 적중시키듯 역대 조사와 서산대사의 의중을 꿰뚫어 보석처럼 빛나고 있다.
352쪽. 15,000원

16. 바로보인 법융선사 심명

심명 99절의 한 소절, 한 소절이 이름 그대로 마음에 새겨두어야 할 자비광명들이다.
이 심명은 언어와 문자이면서 언어와 문자를 초월한 일상을 영위하게 하는 주옥같은 법문이다.
278쪽. 12,000원

17. 주머니 속의 심경

반야심경은 부처님이 설하신 경 중에서도 절제된 경으로 으뜸가는 경이다. 대원선사의 선송(禪頌)도 그 뜻을 따라 간략하나 선의 풍미를 한껏 담고 있다. 하루에 한 소절씩을 읽고 참구한다면 선 수행의 지름길이 될 것이다.

84쪽. 5,000원

18. 바로보인 법성게

법성게는 한마디로 화엄경의 핵심부를 온통 휜출히 드러내놓은 게송이다. 짧은 글 속에 일체의 법을 이렇게 통렬하게 담아놓은 법문도 드물 것이다.

이렇게 함축된 법성게 법문을 대원선사가 속속들이 밀밀하게 설해놓았다.

176쪽. 10,000원

19. 달다 - 전강 대선사 법어집

이제는 전설이 된 한국 근대선의 거목인 전강 선사님의 최상승법과 예리한 지혜, 선기로 넘쳤던 삶이 생생하게 담겨 있는 전강 대선사 법어집 〈달다〉!

전강 대선사님의 인가 제자인 대원선사가 전강 대선사님의 법거량과 법문, 일화를 재조명하여 보였다.

368쪽. 15,000원

20. 기우목동가

그 뜻이 심오하여 번역하기 어려웠던 말계 지은 선사의 기우목동가!

대원선사가 바른 뜻이 드러나도록 번역하고, 간결한 결문과 주옥같은 선송으로 다시 보였다.

146쪽. 10,000원

21. 초발심자경문

이 초발심자경문은 한문을 새기는 힘인 문리를 터득하게 하기 위하여 일부러 의역하지 않고 직역하였다.
대원선사의 살아있는 수행지침도 실려 있다.
266쪽. 10,000원

22. 방거사어록

방거사어록은 선의 일상, 선의 누림을 보여주는 대표적인 선문이다. 역저자인 대원선사는 방거사어록의 문답을 '본연의 바탕에서 꽃피우는 일상의 함'이라 말하고 있다. 법의 흔적마저 없는 문답의 경지를 온전하게 드러내 놓은 번역과, 방거사와 호흡을 함께 하는 듯한 '토끼뿔'이 실려 있다.
306쪽. 15,000원

23. 실증설

이 책은 대원선사가 2010년 2월 14일 구정을 맞이하여 불자들에게 불법의 참뜻을 보이기 위해 홀연히 펜을 들어 일시에 써내려간 법문을 모태로 하였다. 실증한 이가 아니고는 설파할 수 없는 성품의 이치를 자문자답과 사제간의 문답을 통해 1, 2, 3부로 나눠 실증하여 보이고 있다.
224쪽. 10,000원

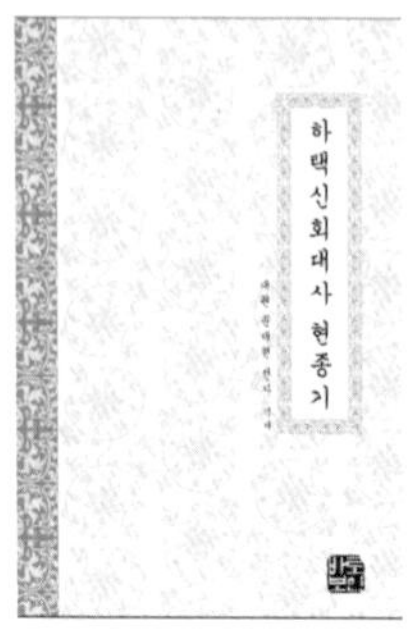

24. 하택신회대사 현종기

육조대사의 법이 중국천하에 우뚝하도록 한 장본인, 하택신회대사의 현종기. 세간에 지해종도(知解宗徒)로 알려져 있는 편견을 불식시키는 뛰어난 깨달음의 경지가 여기에 담겨있다. 대원선사가 하택신회대사의 실경지를 드러내고 바로보임으로써 빛냈다.
232쪽. 10,000원

25. 불조정맥 – 韓 · 英 · 中 3개국어판

석가모니불로부터 현 78대에 이르기까지 불조정맥진영(佛祖正脈眞影)과 정맥전법게(正脈傳法偈)를 온전하게 갖춘 최초의 불조정맥서. 대원선사가 다년간 수집, 정리하여 기도와 관조 끝에 완성한 『불조정맥』을 3개국어로 완역하였다.
216쪽. 20,000원

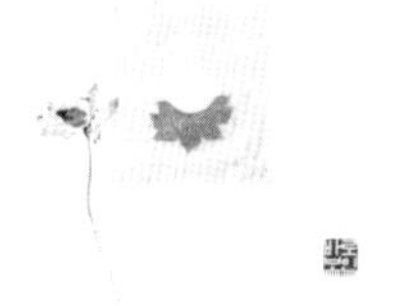

26. 바른 불자가 됩시다

참된 발심을 하여 바른 신앙, 바른 수행을 하고자 해도, 그 기준을 알지 못해 방황하는 불자님들을 위해 불법의 바른 길잡이 역할을 하도록 대원선사가 집필하여 출간하였다.
162쪽. 10,000원

27. 누구나 궁금한 33가지

21세기의 인류를 위해 모든 이들이 가장 어렵고 궁금해 하는 문제, 삶과 죽음, 종교와 진리에 대한 바른 지표를 제시하고자 대원선사가 집필하여 출간하였다.
180쪽. 10,000원

28. 108진참회문 – 韓 · 英 · 中 3개국어판

전생의 모든 악연들이 사라져 장애가 없어지고, 소망하는 삶을 살게 하기 위해 대원선사가 10계를 위주로 구성한 108 항목의 참회문이다. 한 대목마다 1배를 하여 108배를 실천할 것을 권한다.
170쪽. 15,000원

29. 달마의 일할도 허락지 않는다

대원선사의 짧고 명쾌한 법문집.
책을 잡는 순간 달마의 일할도 허락지 않는 선기와 맞닥뜨리게 될 것이다. 때로는 하늘을 찌를 듯한 기세와, 때로는 흔적 없는 공기와도 같은 향기를 일별하기를…
190쪽. 10,000원

30. 마음대로 앉아 죽고 서서 죽고

생사를 자재한 분들의 앉아서 열반하고 서서 열반한 내력은 물론 그분들의 생애와 법까지 일목요연하게 수록해놓았다.
446쪽. 15,000원

31. 화두 3개국어판 - 韓 · 英 · 中

『화두』는 대원선사의 평생 선문답의 결정판이다. 생생하게 살아있는 선(禪)을 한 · 영 · 중 3개국어로 만날 수 있다. 특히 대원선사의 짧은 일대기가 실려 있어 그 선풍을 음미하는 데에 큰 도움을 주고 있다.
440쪽. 15,000원

32. 바로보인 간당론

법문하는 이가 법리를 모르고 주장자를 치는 것을 눈먼 주장자라 한다. 법좌에 올라 주장자 쓰는 이들을 위해서 대원선사가 간당론에서 선리(禪理)만을 취하여『바로보인 간당론』을 출간하였다.
218쪽. 20,000원

33. 완전한 우리말 불공예식법

부처님께 공양을 올리고 불보살님의 가피를 구하는 예법 등을 총칭하여 불공예식법이라 한다. 대원선사가 이러한 불공예식의 본뜻을 살려서 완전한 우리말본 불공예식법을 출간하였다.
456쪽. 38,000원

34. 바로보인 유마경

유마경은 불법의 최정점을 찍는 경전이라 할 것이니, 불보살님이 교화하는 경지에서의 깨달음의 실경과 신통자재한 방편행을 보여주는 최상승 경전이다. 대원선사가 〈대원선사 토끼뿔〉로 이 유마경에 걸맞는 최상승법을 이 시대에 다시금 드날렸다.
568쪽. 20,000원

35. 실증설
5개국어판 - 韓 · 英 · 佛 · 西 · 中

대원선사가 불법의 참뜻을 보이기 위해 홀연히 펜을 들어 일시에 써내려간 실증설! 실증한 이가 아니고는 설파할 수 없는 도리로 가득한 이 책이 드디어 영어, 불어, 스페인어, 중국어를 더하여 5개국어로 편찬되었다.
860쪽. 25,000원

36. 누구나 궁금한 33가지
3개국어판 - 韓 · 英 · 中

누구라도 풀어야 할 숙제인 33가지의 의문에 대한 답을 21세기의 현대인에게 맞는 비유와 언어로 되살린 『누구나 궁금한 33가지』가 한글, 영어, 중국어 3개국어로 출간되었다.
408쪽. 15,000원

37. 달마의 일할도 허락지 않는다 3개국어판 - 韓·英·中

대원선사의 짧고 명쾌한 법문집인 『달마의 일할도 허락지 않는다』가 한글, 영어, 중국어 3개국어로 출간되었다. 전세계에서 유일하게 활선의 가풍이 이어지고 있는 한국, 그 가운데에서도 불조의 정맥을 이은 대원선사가 살활자재한 법문을 세계로 전하고 있는 책이다.
308쪽. 15,000원

38. 화엄경 (전81권)

대원선사는 선문염송 30권, 전등록 30권을 모두 역해하여 세계 최초로 1,463칙 전 공안에 착어하였다. 이러한 안목으로 대천세계를 손바닥의 겨자씨 들여다보듯 하신 불보살님들의 지혜와 신통으로 누리는 불가사의한 화엄세계를 열어 보였다.
220쪽. 각권 15,000원

39. 법성게 3개국어판 - 韓·英·中

법성게는 한마디로 화엄경의 핵심부를 훤출히 드러내놓은 게송으로 짧은 글 속에 일체 법을 고스란히 담아 놓았다. 대원선사의 통쾌한 법성게 법문이 한영중 3개국어로 출간되었다.
376쪽. 15,000원

40. 정법의 원류

『정법의 원류』는 불조정맥을 이은 정맥선원의 소개서이다. 정맥선원은 불조정맥 제77조 조계종 전강 대선사의 인가 제자인 대원 전법선사가 주재하는 도량이다. 『정법의 원류』를 통해 정맥선원 대원선사의 정맥을 이은 법과 지도방편을 만날 수 있다.
444쪽. 20,000원

41. 바로보인 도가귀감

도가귀감은, 온통인 마음〔一物〕을 밝혀 회복함으로써, 생사를 비롯한 모든 아픔과 고를 여의어, 뜻과 같이 누려서 살게 하고자 한 도교의 뜻을, 서산대사가 밝혀놓은 책이다. 대원선사가 부록으로 도덕경의 중대한 대목을 더하고, 그 대목대목마다 결문(決文)하였다.
218쪽. 12,000원

42. 바로보인 유가귀감

유가귀감은 서산대사가 간추려놓은 구절로서, 간결하지만 심오하기 그지없으니, 간략한 구절 속에서 유교사상을 미루어볼 수 있게 하였다. 대원선사가 그 뜻이 잘 드러나게 번역하고 그 대목대목마다 결문(決文)하였다.
236쪽. 15,000원

43. 바로보인 전등록 (전30권)

7불로부터 52세대까지 1,701명 선지식의 깨달음의 진수가 담긴 전등록 30권에 농선 대원 선사가 선리(禪理)의 토끼뿔을 더해 닦아 증득하는데 도움이 되도록 하였다.
288쪽. 각권 15,000원

농선 대원 선사 법문 mp3 주문 판매

* 천부경 : 15,000원
* 신심명 : 30,000원
* 현종기 : 65,000원
* 기우목동가 : 75,000원
* 반야심경 : 1회당 5,000원 (총 32회)
* 선가귀감 : 1회당 5,000원 (총 80회)
* 금강경 : 40,000원
* 법성게 : 10,000원
* 법융선사 심명 : 100,000원

농선 대원 선사 작사 CD 주문 판매

* 가슴으로 부르는 불심의 노래 1,2,3집
  각 : 1만 5천원
* 유튜브에서 채널 구독하시고 무료로
  찬불가 앨범을 감상하세요

주문 문의 ☎ 031-534-3373

유튜브에서 채널 구독하시고
무료로 찬불가 앨범을 감상하세요

유튜브에서 MOONZEN을 검색하시거나
아래의 주소로 접속해주세요

http://www.youtube.com/user/officialMOONZEN